Jack Beauregard

La démesure débilitante

novum pocket

© 2021 novum maison d'édition

ISBN 978-3-99010-950-2
Photographie de couverture:
Stefanie Müller | Dreamstime.com
Création de la jaquette:
novum maison d'édition

www.novumpublishing.fr

A Nathalie, ma famille et mes amis.

L'Écriture. Ce qui est écrit.

« Les paroles s'envolent mais les écrits restent ». C'est bien connu. Ainsi, les Saintes Écritures nous racontent une histoire de l'humanité et de Dieu. Qui sont tous ces gens qui ont écrit ? C'est l'histoire fabuleuse qu'auraient vécus des prophètes et des hommes, écrite par des anonymes au fil des siècles pour affirmer le spiritualisme en opposition au temporel. Des histoires qu'on aurait pu leur raconter, qui se répercutaient les soirées autour d'un feu ou au bord de l'eau. A la pêche peut-être, principale activité avec l'agriculture de cette période en aval de la préhistoire. Ont-ils vécu les faits qu'ils nous évoquent comme l'incontournable tracé du destin humain ?

Dans les évangiles, les apôtres nous content une histoire de Jésus dont ils sont les premiers témoins. Mais Jean, Paul et les autres, sont-ils à ses côtés dans sa campagne prophétique ? Les prénoms des apôtres se répètent et nous sommes un peu perdu. Car Jean était aux côtés du Christ dans ses déplacements, mais celui qui écrit n'était pas encore parmi les premiers apôtres de Jésus, parmi les douze. Aucun ne dit qu'il assistait le Christ à ses côtés. Pourtant, l'histoire ne nous permet pas de douter de la vie de Jésus, même si plein de zones abstraites gardent leur incohérence.

Qui sont-ils...

Ce sont des Saints, des prophètes, des romanciers, des philosophes, des écrivains. Déjà bien avant eux, les égyptiens nous laissent d'innombrables textes et légendes sur leur société et sur leurs Dieux. Puis les grecques, éclairés par la lumière des surprenants et talentueux philosophes, mettent à jour les histoires mythiques les plus extravagantes et réalistes de la pensée humaine, sur notre planète, sur la mystérieuse aventure de l'humanité.

* * *

Cette histoire enfouie dans le plus profond des âges ouvre une interrogation sur la naissance de l'humanité et surtout de la vie ici-bas. Les végétaux, les animaux, les femmes et les hommes qui pullulent notre terre ont-ils une origine surnaturelle, extranaturelle ou une source transcendante ? Serait-ce par d'extraordinaires compositions accidentelles d'éléments divers, d'assemblages de molécules et de bactéries distinctes, que toute la création serait advenue comme nous le présente la science ? Mystère et boule de gomme. La science est une découverte de l'homme dans laquelle il continue ses recherches pour accréditer des questions philosophiques qui aboutissent au terme scientifique du problème. Ainsi, une vérité de la science et de l'homme.

Les continents, les mers, les océans, les cieux, les astres, le soleil, les oiseaux, ceux à plumes, ceux à poils ; les arbres, les fleurs, les vents, les pluies, les orages, les tonnerres qui grondent et crachent du feu, tourbillonnent dans un infini mouvement qui a commencé depuis des milliards d'années et qui n'en finit pas, comme une horloge éternelle.

En découvrant la science, l'homme a su utiliser ce jardin d'éden pour le faire accéder à la grandeur de la perfection humaine. Le théisme et la science semblent viser l'horizon du Parfait dans une mission dédiée au Bien dans les deux cas. Conquête d'un paradis céleste pour les uns et d'un univers paradisiaque pour les autres. L'un et l'autre œuvrent dans le même but et souhaitent le paradis pour l'homme.

La mission divine rejoint celle de la science ou l'inverse, au choix. Les miracles du Christ n'étaient-il pas d'un aspect scientifique ? Guérir les malades, les lépreux, les paralytiques, redonner la vue aux aveugles, faire parler les muets et entendre les sourds, nourrir les foules à partir d'un quignon de pain puis le partager à la multitude, ressusciter les morts... N'est-ce pas ici le message fort que Jésus lance à humanité où il invite la science à communier avec une sagesse digne de l'Homme. Qu'aurait-il voulu dire sinon que leur mission commune est destinée au Bien de l'humanité, garante et gérante de la Terre et de sa Nature. Le Tout tient dans les mains de l'Homme.

* * *

Le ciel s'assombrit, partout et de plus en plus sur toute la terre. L'atmosphère devient lourde, irrespirable. Enfin on ne sait pas trop, on n'y était pas. Sûrement quelque chose d'effroyable. Il paraît qu'il n'y avait plus de lumière, plus de soleil, plus d'étoiles, plus de chaleur, un froid mon vieux ! Plus rien, même pas d'air pur. Tous les habitants de la Terre deviennent fous. Dinosaures, Tyrannosaures, T-REX, reptiles géants, oiseaux de bon ou de mauvais augure et autres animaux de notre préhistoire fuient aveuglément comme des malades mentaux. Nul ne sait ce qu'il se passe, ça court dans tous les sens. La terreur s'est installée et a remplacé la peur. Et soudain boum ! Apocalypse. La planète Terre qui tournait rondement autour du soleil comme un beau paradis bien sage, bien tranquille, à faire coucou avec la lune : « *coucou j'te vois… – coucou tu m'vois plus !* » vient de se prendre un gigantesque astéroïde en pleine poire. Ni vu ni connu ! Trop vite. Pouf, plus rien. En une fraction de seconde, ou peut-être la seconde complète, nettoyée la mamie Terre. Rasée ! Le truc tout con, que personne n'attendait… Comme une mauvaise destinée.

Ben voilà. Tant pis. La faute à pas de chance comme on dit chez nous. C'était écrit quelque part.

Mais la petite bille de cet infini univers continue sa course autour du soleil, nue comme un ver, puisque l'autre, l'astéroïde, arrivé comme un dingue a tout cramé dans son choc explosif. Cette bonne vieille Terre têtue comme une bourrique, décide que personne ne la séparera de son vieil amant, le Soleil. Lui, c'est son Dieu ! C'est le plus bel astre de tous les astres, il est beau comme… Un soleil. Alors elle continue à lui tourner autour afin de filer ensemble du bon coton. Même dans le noir, les yeux bandés, elle ne va pas lâcher l'affaire. Vas-y que je te tourne autour. C'est la première révolution d'un être vivant dans l'histoire du monde. Elle y croit à la chance la minette, que quelque part, un œil veille sur elle…

Car la vie était là et y restera. Elle va même se rajeunir du coup, refaire une toilette. « *Attends un peu que je sorte de l'ombre*, se dit-elle, *on verra s'il ne va pas se rap-procher le coquin* ».

Ainsi, malgré cette première gamelle de jeune fille, elle filoche faire la belle autour de son prince comme une danseuse d'opéra devant une bougie. Un harcèlement sans faille. Elle lui montre toutes ses facettes au mec. Elle lui dévoile toute sa beauté chaque matin quand il sort la saluer afin de le remercier de cette présence ponctuelle. Dès les premières lueurs de l'aube elle expose ses couleurs dans la réjouissance de sa faune, le parfum de sa flore aux chants des oiseaux, brouillés bientôt par le brouhaha des futurs spécimens mobiles. Toute la vie qu'elle féconde dans la lumière éternelle de ce merveilleux compagnon, elle lui reflète en milliards de chefs d'œuvres chaque instant. Je te donne tout.

Toi et Moi.

...

Voilà donc qu'elle tourbillonne à vide. Au début, c'est assez dur de se remettre de ce coup de boule en pleine tronche. Elle tourne à blanc comme on dit. Tout a cramé, brûlé... Tout est mort. Un miracle de se sortir d'une telle apocalypse. Elle est bien amochée mais toujours vivante, comme une âme éternelle. Il n'y a plus qu'elle au beau milieu de toutes les autres déjà momifiées depuis belle lurette... Des milliards de boules comme elle, dans cette immensité depuis des milliards d'années paraît-il... Et c'est même sûr !

Comme un gigantesque tirage de loto.

Et elle, qui passe au travers ! Toujours vivante. Tu parles si elle tient à rester belle maintenant, faut pas rigoler. Quand tu réchappes de justesse à un coup pareil tu te dis que le reste de tes jours est à considérer comme

du rabiot. Que du bonheur ! Fini toutes ces bestioles hor-
ribles et hurlantes, sauvages à s'entre-tuer. Elle va taper
dans le style, dans la finesse, dans le Beau. Tant qu'à faire
ou *temps* qu'à faire ! Voilà une éternité qu'elle virevolte…
Et ce n'est pas fini. Ce n'est pas un petit pet sur le coin de
la courge qui va arrêter son Éternité. Elle entend bien y
poser la perfection dans sa résurrection.

Du coup, tout se remet à vivre, à pousser, à bouger. Chacun
saura ce qu'il a à faire et ce qu'il doit faire. La voilà repar-
tie pleine de projets. Des fleurs en veux-tu en voilà ; des
arbres, de l'eau à pleines rivières, à pleins fleuves pour
remplir des mers ensoleillées par le concubin. Des millions d'espèces de bestiaux de toutes sortes, que ce n'est
pas possible d'imaginer tant il y en a. Une grande foire
au Génie de la Création, mais cette fois en plus petits mo-
dèles. Ils faisaient peur ces reptiles géants, T-Rex et sa
bande. En plus petites tailles elle saura faire aussi. Elle a
acquis de l'expérience avec le temps : crocodiles, lézards,
chauve-souris. De tout ! Chiens, chats, singes, abeilles,
loutres… Toutes sorte de végétaux, d'animaux à plumes,
à écailles, à poils et bientôt vêtus de fringues à la mode.
De tout ce que l'imagination ne saurait rêver… Les compo-
santes expressives de la beauté et de l'intelligence liées sur
une seule Terre parmi des milliards de boules… La Nature.
Le laid n'existe pas, il n'est que le fruit d'une mauvaise perception de l'homme.

C'est ainsi que toute cette ménagerie se met à faire des ga-
lipettes dans la prairie et des glouglous dans la boutasse.
La Nature, qui n'est en quelque sorte d'autre que la
conscience de la Terre, va devoir utiliser comme matière

première sa propre énergie pour promouvoir tout ce cirque de façon durable. Seulement voilà, à qui refiler la gestion du bazar pour que ce ne soit pas un gros bourbier dans cette biodiversité. Théoriquement, le TOUT repose sur l'auto-régénération, mais il faudrait bien un entretien quotidien pour que ce magnifique jardin tout neuf le demeure… Eternellement si possible.

Aussi, la famille lion devra bouffer une gazelle de temps à autre, qui elle, viendra de brouter les mauvaises ronces néfastes aux cultures et qui envahissent les bonnes herbes. Tous à la même table.

Pendant que les vautours racleront les carcasses que vont laisser traîner la marmaille lionceaux, il faudra contrôler que ça tourne comme une montre et que le gardien élu, veille au perpétuel fonctionnement du pendule. Tout en principe est prévu dans cet algorithme géant. La chaleur du soleil qui fera évaporer l'eau pour la transformer en nuages. Les cumulus voyageront dans le ciel pour se déverser ailleurs selon les besoins. Les vents souffleront les pollens afin que foisonnent une végétation pittoresque.

Rien ne manque.

La Nature, conscience de cette Terre mère d'un monde, décide d'en appeler à Dieu. Lui sait Tout. En quelque sorte, elle lui passe une annonce pour trouver un gérant. Dieu, toujours en accord dans Tout, pour le Bien du Tout et de Tous, apportera la meilleure réponse. Elle pria donc Dieu de lui désigner parmi toute cette population, qui seraient les mieux adapter et aptes pour garder la baraque jusqu'à l'infinie fin des temps.

Sacrée responsabilité mais pas compliqué en réalité. Il suffit d'un peu d'ordre, de dextérité, de force, de bravoure et d'une intelligence extensible. Ils veilleront à l'équilibre des disponibilités car le tour de magie miraculeux, la boule qui disparaît et réapparaît, il ne sera peut-être plus possible de le refaire. Ça ne marche pas à tous les coups.

« *D'accord,* répondit Dieu. *Je m'en occupe.* »

On n'en saura pas plus, le Mystère est Divin.

* * *

Mais un jour, quelqu'un perça les mystères. Il, ou elle, se mit à écrire la Création de Dieu et de son Œuvre accomplie, au terme du septième jour, qu'Il prit en repos. Ainsi, Dieu créa le monde avec tout ce qu'il y a dessus-dedans avec l'homme et la femme : d'abord Adam, puis Eve. Mais qui donc a écrit les premières lignes de l'Histoire Biblique et de la Création ? Une véritable énigme.

On en connaît certains qui ont participé de manière directe ou indirecte à l'Écriture. Il y a des rédactions d'événements vécus par les auteurs eux-mêmes. Des textes rédigés par des Prophètes et au sein des Saints.

Seulement, au commencement du commencement, on ne sait pas qui raconte l'Histoire. C'est toujours le récit du vécu d'un autre qui a entendu les paroles de Dieu. Mystère. Ce n'est pas le rédacteur qui a vécu les choses. Lui il sait ; il a entendu, on lui a raconté, on lui a dit, quelqu'un a vu mais toujours par l'intermédiaire d'un messager, sans équivoque.

Les religions monothéistes, les unes derrière les autres, appréhendent les textes en s'appuyant sur l'originalité de la précédente qu'elles finalisent en rivalités sanglantes. La conception de la Création selon la religion est bien différente des processus scientifiques. Il y a une manière laconique d'imposer la Vérité et l'Interdit.

La désobéissance d'Adam et Eve est la parfaite ADN de l'interdit. La punition est sans commune mesure : c'est la mortalité. Cependant, à la fois la renaissance puisqu'ils devront faire des enfants.

Jusqu'alors tout allait bien, mais il était interdit de manger une pomme du pommier ! Pourquoi ? Va savoir ! L'ABC de la condition humaine est : l'interdit.

Donc, quand Dieu s'est aperçu qu'il manquait une pomme, il convoque évidemment les deux tourtereaux. Eve, sage comme une image, égale à elle-même, n'a pas eu de mal à mentir : « *C'est pas moi ; ce n'est pas moi !* » La p'tite menteuse » … Du coup, l'autre benêt, bête comme ses pieds, a failli s'étouffer en se coinçant un morceau de golden dans la gorge, d'où la pomme d'Adam… Qui va rester uniquement chez les mecs… Heureusement que ce n'était pas des cerises !

Le fautif serait le diable, ce gros malin déguisé en serpent qui a manœuvré Eve. Enfin, il l'embrouille quoi. Du coup, Eve va corrompre Adam d'en croquer ensemble. C'est le premier casse du siècle. Et aussi le premier partage de l'humanité. C'était moins compliqué à cette époque pour partager, ils n'étaient que deux.

Les voilà ainsi impliqué collectivement à devoir purger le péché originel ou original, peuchère. Ça vous apprendra ! Pas très cool pour une pomme. Enfin bon, on ne va pas trop râler ; la pomme, c'est mieux qu'une paire de cerises accrochées en guise de cravate.

A la génération suivante, commence le premier acte d'injustice du plus Haut Magistrat, et cela va devenir vraiment compliqué pour la famille.

Adam et Eve ont deux bambins : Caïn et Abel.

Ils sont grands maintenant et ils bossent tous les deux vaillamment.

Caïn devient jaloux de son frère Abel car Jéhovah (Dieu), considère plus allégrement les offrandes d'Abel et lui accorde toutes ses faveurs. Dieu préfère le petit bétail, genre agneau, que les petits légumes de Caïn.

Là ce n'est pas juste. Commence ici la première discrimination.

Caïn, lui, donne de beaux légumes en offrande à Dieu pendant qu'Abel offre des petits agneaux tout mignon. C'est quoi la différence ? Il faut bien des deux ingrédients pour confectionner un bon ragoût par exemple, genre couscous-mouton.

Rien ne va plus. Caïn ne peut supporter de telles injustices même si venues de Très Haut. C'est inacceptable. Il dégomme donc son frère Abel et file se cacher... Car Dieu le chasse ! Mais il ne le met pas en prison, ça ne sert à rien. D'ailleurs, Dieu a fait le monde sans prison.

Plus tard, une fois installé en son pays, Caïn a des relations avec sa compagne et ils ont un petit.

D'accord pour le mariage et les enfants, mais d'où sort sa femme ? C'est sa sœur... ? Ils n'étaient que tous les deux avec son frangin au début. A moins que les parents, Adam et Eve, auraient eu d'autres bambins cachés pour confectionner une famille nombreuse.

On ne sait pas tout.

Plus tard...

Enfin plus tard, à la suite de tout ça, Adam eut encore des gosses qui eux-mêmes eurent beaucoup d'enfants qui furent de la farce les petits enfants d'Adam et d'Eve. Ainsi, tous devaient se ressembler à l'image d'Adam qui était à l'image de Dieu. Certains vécurent cent trente ans, huit cent ans, neuf cent cinq ans, quatre-vingt-quinze ans et ainsi de suite de la Tribu. Ils meurent les uns après les autres jusqu'à l'arrivée de Noé, fils de Lamek.

Gloup ! Ce n'est pas simple hein ! C'est ce qui est écrit...

« Or, il arriva ceci. »

Les hommes devenaient de plus en plus nombreux et ils virent qu'il y avait des filles et qu'elles étaient belles. Ils en choisirent pour les prendre pour eux. Mais Jéhovah vit la méchanceté et la violence des hommes qui étaient en abondance et il fût peiné dans son cœur.

Alors...

Il décida de tout raser de la surface du sol. Hommes, femmes, animaux domestiques et sauvages. Tout effacer ou presque ; sauf Noé qui était un homme juste car il n'y en avait qu'un dans tout le peuple. Dieu [le Vrai], c'est écrit comme ça dans le Livre, comme pour rajouter du mystère au mystère et encore compliquer l'histoire. Des fois où il y aurait un faux Dieu qui voudrait se faire passer pour lui...

Donc Dieu [le Vrai] dit à Noé de fabriquer une arche, de la couvrir de goudron (ils connaissent déjà les matériaux et les techniques), de prendre sa meuf avec lui, sa marmaille, ses fils et belles-filles, petits-enfants... Les animaux aussi, un couple de chaque espèce, des graines à semer, de la bouffe pour patienter jusqu'au printemps nouveau, après le déluge.

Dieu lui donne toutes les mesures de l'arche (30 coudés), la marque du bois pour la construire... Trois étages, il faut de l'espace quand même.

Voilà l'alliance que Dieu passe avec Noé : qu'il se bouge d'embarquer tout ce beau monde avec lui parce qu'IL va amener un gigantesque déluge. Comme t'en a jamais vu mon pote. Tout va y passer ! Il promet. Ça va être une terrible catastrophe. Il en a marre, Dieu, de ces connards qui foutent tout ce bordel sur ses terres. IL va remettre les pendules à l'heure et ça va barder ! A coup de canons à eau, au karcher ! Non mais ; on ne va pas se laisser emmerder par toute cette petite racaille... On s'y croirait ! Comme en 2000.

« Emporte bien un couple de chacune des espèces animales sauvages ou domestiques qui se meuvent sur le sol, qu'IL lui recommande ».

Quand Noé eut terminé l'arche et eut mis à l'abri sa famille et la ménagerie, Dieu déclencha le déluge. Purée le bazar, comme ça a flotté. De la pluie, des vents, des orages, les tonnerres, les éclairs ; un vrai déluge ! Pendant des jours et des nuits... Au moins quarante jours. Et les eaux submergèrent toutes espèces vivantes. Tout ce qui était sur la terre et dans les cieux y passa. Et l'eau monta pendant cent cinquante jours.

Puis heureusement, Dieu se souvint de Noé dans l'arche avec les animaux sauvages et domestiques. Moins deux c'était l'arche perdue ; IL a failli les oublier.

Alors IL fit passer un vent sur la terre et les eaux se retirèrent. L'arche se posa tranquillement sur les montagnes d'Ararat.

Noé ouvre la fenêtre et envoie un corbeau pour aller aux nouvelles, à savoir s'il trouve de la terre ferme. Mais le corbac se fait la paire. Plus de news ! C'est inquiétant.

Alors, il envoie une blanche colombe, plus innocente, pour vérifier si les eaux ont bien baissé.

Impatience de liberté.

Ça traîne !

Et soudain, un beau soir à la fraîche, la blanche colombe rapplique avec dans son bec, un brin d'olivier cueilli tout juste frais. « *Cool, se dit Noé, l'eau a baissé, on va pouvoir débarquer.* »

Fin de la croisière.

Tout le monde pied à terre ! Car en effet, dans le deal entre Dieu et Noé, les couples ont pour mission de repeupler le sol abondamment.

Plus tard, mon Livre raconte l'histoire de la famille de Noé, de ses fils, des beuveries pleines d'embrouilles et d'indécences à cause du vin de la vigne... Et puis la liste interminable des descendants sans histoire, juste leurs noms. On ne dit rien sur eux. Simplement un arbre généalogique des tribus.

On arrête là. C'était le début de cette Histoire spirituelle appelée la Genèse.

* * *

Scientifiquement, la Terre avait une population animale, végétale ; ceci ayant été prouvé par des données archéologiques, informatiques, numériques, scientifiques, et indices matérialisés par des fossiles, squelettes et autres ossements. Des preuves quoi.

Une science inéluctable.

Un astéroïde perdu dans l'espace vient péter la gueule à tatie Terre du côté du nouveau Mexique, par là-bas. Un astéroïde d'au moins cent trente kilomètres de diamètre à une vitesse de soixante-dix mille kilomètres heure. On ne peut pas dire « imagine la patate ! », ce serait un euphémisme. Le badaboum de dingue. Comme l'explosion de milliers de bombes atomiques en même temps. Une apocalypse qui crame tout à des centaines de kilomètres avec les problèmes collatéraux d'incendies, de fumées, d'asphyxie, de pollution directe, de raz de marée et une pluie de météorites sur tout le globe... Et la terre qui continue de tourner malgré tout, s'enveloppe comme une barbe à papa de déchets qui seraient aujourd'hui « nucléaires ». Enfin, plus d'air, plus d'oxygène, lumière coupée, plus rien. Extinction totale de toutes espèces vivantes.

Plus d'existence sur Terre pendant des temps et des temps.

...

Mais toujours est-il et personne n'y aurait cru... Tout est redevenu. L'herbe qui repousse avec des arbres, des plantes, des bois, des jungles, des bestiaux en tout genre, même des babouins, des félins, des requins, etcetera... La Nature reprend ses droits sur terre, redonne la Vie à l'endroit où se situe jusqu'alors son unique place... La Terre.

Et notre belle planète continue de tourbillonner heureuse dans sa beauté éternelle.

* * *

L'Histoire Biblique déploie des théories scientifiques sur un phénomène de renaissance terrestre pour la fin d'un monde et le renouvellement d'un autre. Ce sont des schémas assez similaires, car si l'un est explosif et brûla tout, on peut retenir que lors de ce big-bang, les eaux des mers et des océans de l'époque ont dû bouger quand même un peu plus que la moyenne et cela, jusque de l'autre côté de l'impact, à l'opposé du globe. On le voit bien sur les images de synthèse dans les reportages de reconstitutions scientifiques par les chaînes télé-culturelles. On ne ressent pas la secousse, mais pas besoin de sortir de l'ENA pour l'imaginer... Ça a dû quand même trembler sacrément fort au moment de la collision.

L'interrogation qui intrigue bien sûr puisque l'on ne sait pas vraiment qui aurait pu écrire les premiers textes des Saintes Écritures est : comment ont-ils su, ont-ils trouvé ou connu, découvert ou inventé, cette vérité que la science témoignera beaucoup plus tard, preuves à l'appui, sur cette rupture de la vie sur terre et de son recommencement.

La science finie par démontrer une coïncidence ambiguë avec ce que racontent les textes hébreux. La fin d'un monde et la naissance d'un autre sur le même sol. Mystère. Quoique dans une éternité, il y a tout le temps nécessaire pour retrouver des choses semblables. Mais quand même, c'est sacrément parallèle.

Coïncidence du temps... Une apocalypse planétaire ou un déluge spirituel.

„ Jéhovah [Dieu] descendit voir la ville et la tour de Babel qu'avaient bâti les fils des hommes et dit :

« Hé bien, rien désormais ne sera irréalisable pour eux de ce qu'ils peuvent projeter de faire », ainsi conclu Dieu. "

Pour dire qu'IL sait que l'homme n'a pas de limite.

Mais où a-t-il été la pécher cette histoire de Noé l'écrivain de la Genèse ?

* * *

L'homme est loin dans sa conquête de l'espace pour faire avancer les recherches et la science. Cependant, l'urgence aujourd'hui serait une mise en demeure pour sauvegarder la Terre, la Maison de l'Homme et de prendre des initiatives élémentaires dès le plus jeune âge. Une éducation de respect de l'environnement par une prise de conscience collective. Une information mondiale immédiate qui tourne en boucle comme une Affaire d'État dans tous les pays… Car demain est peut-être déjà trop tard.

Pourquoi tant de précipitation à grimper sur Mars puisque l'homme, s'il occupe bien son terrain, est encore là pour des milliards d'années. On peut dire que rien ne presse et qu'il a tout son temps. Les vrais problèmes sont d'ordre humanitaire, de conscience collective pour donner priorité à l'intérêt du bien-être des habitants de cette planète tout en éradiquant systématiquement quelconque intérêt à caractère d'inégalité extravagante.

L'Homme a dépassé la vitesse grand V, la vitesse de l'astéroïde qui nous a pété la gueule avant même que l'on existe.

Notre planète est unique, la seule connue à ce jour où il y ait vie.

Notre espèce est unique, la seule capable de faire fructifier son intelligence au-delà d'elle-même, capable de résister à tout sans considération de l'impossible.

La Terre, Dieu, la Nature, la Vie, l'Intelligence, l'Humanité, ne font qu'UN.

Le livre de l'histoire d'Adam se termine ainsi :
*« Au jour où Dieu créa Adam, il le fit à la ressemblance de Dieu. Mâle et femelle il les créa. Après cela, il les bénit et les appela du nom d'****Homme****, au jour de leur création. »*

L'ensemble unifié dans une réelle perception de l'Humanité. En cherchant un paradis qu'il tient dans la main, l'homme se détourne d'ici-bas vers l'au-delà pour trouver quelque chose qu'il possède déjà, puis enclenche les pires génocides, guerres, divisions des êtres et des choses, exploitation du mal à son paroxysme pour supposer des jouissances au paradis.

Le message d'Amour, il y a plus de deux mille ans, d'un petit juif rebelle révolutionnaire, médecin, charpentier, berger, lanceur d'alerte, crucifié par un destin Divin, venu enseigner aux filles et aux fils de l'Homme, serait-il si difficile à capter ?
Un enseignant divinement humain est venu montrer le chemin, la marche... La vraie marche. Comment aurait-il pu enseigner à un peuple inculte de l'époque et en majorité analphabète autrement que par des miracles et des exemples ? Jésus avait-il deux mille ans d'avance ?
« Observez attentivement les oiseaux du ciel, parce qu'ils ne sèment ni ne moissonnent, ni ne ramassent dans les magasins ; pourtant votre Père céleste les nourrit ».

Les animaux ne mangent que ce dont ils ont besoin, pas plus qu'il leur suffit. Les plantes, les arbres et les fleurs

se partagent les eaux des pluies à juste mesure et offrent
sans compter les magnifiques habits de la terre inlassablement admirables...

*« Retenez la leçon des lis des champs, ils ne filent ni ne
peinent et pourtant, même Salomon dans toute sa gloire, n'a
été revêtu comme ceux-ci. »*

La Terre se partage les bienfaits naturels et nous les rend
dans une parfaite harmonie. Les espèces sont diverses,
infiniment nombreuses aux couleurs flamboyantes. Les
forêts comme les mers sont les berceaux d'espèces par-
ticulièrement diverses en nombre et en genre. Chacun
a droit à sa place et participe au renouvellement perpétuel d'un monde féerique... Un monde magique, celui de
cette Mère, la Terre.

Ainsi l'Homme, ce dieu d'un éternel avenir, demeure le
principal allocataire de tout le capital que ce monde pose
en offrande à ses pieds. Gibiers, champignons, châtaignes,
framboises et crustacés ou poissons divers ; tout lui est
proposé dans cette dépendance à la nature. Il est un as-
sisté. Mais l'orgueil l'invite à s'approprier comme un bien
propre tout ce que cette terre produit. Ce qui lui est des-
tiné en tant que passager ici-bas n'est pas sa propriété,
elle appartient à la descendance de toute l'humanité.

Il tue son voisin pour prendre sa part ou alors par jalou-
sie. On se souvient encore de Caïn qui tua son frère Abel.

L'Homme est-il mauvais ? Ou mieux, serait-il le plus
bestial de toutes les espèces connues dans cet univers ?

...

Sa capacité de gestion ne lui a pas donné un droit de
propriété. Dès les débuts, il s'est approprié les terres par

la force, par la ruse, la fourberie, la perversité. La propriété donne de la force. La force donne du pouvoir. Le pouvoir permet à celui qui fait des lois de les orienter vers son avantage. La loi ne saurait rendre la justice sans un principe existentiel d'égalité de base. Ainsi, J.J. Rousseau suggérait dans le Contrat Social le droit du premier occupant qui nécessite trois conditions plus réelles que celle du plus fort : *1) Que ce terrain ne soit habité par personne. 2) Que l'on occupe que la quantité dont on a besoin pour subsister. 3) Qu'on en prenne possession par le travail et la culture, seul signe de propriété qui doit être respecté par autrui.*

L'égalité supprime la fortune, abat les forces et anéanti le pouvoir. Sans le pouvoir, les lâches restent faibles car ils n'ont pas le courage de combattre le pouvoir. Le pouvoir ne doit pas être une valeur sur les autres mais une manière de réagir sur soi-même afin de résister.

C'est pourquoi les gens les plus pauvres, les plus défavorisés, les plus démunis sont généralement les plus généreux, les plus aptes à combattre pour la vérité, mais aussi les plus exposés aux obligations de soumission. Parce que dans la misère, on partage plus correctement. Ceux qui ont le pouvoir et profitent d'une aisance financière sont les manipulateurs d'un système d'appauvrissement des plus fragiles, détournant ainsi la marche de l'humanité vers les portes d'un véritable enfer pour ces misérables de souche.

La richesse que l'on appelle aujourd'hui le capitalisme est en train de finir son temps. Le glas sonnera bientôt. Les révolutions ratées et récupérées par la bourgeoisie n'étaient que l'apprentissage du véritable soulèvement à venir si les élus gardent leurs prérogatives appropriées injustement. La prochaine révolution qui serait une guerre civile pourrait être terrible et mondiale.

Le mode d'emploi de l'existence dans une humanité digne de l'Homme est resté cloué sur la croix. Le corps catholique n'a ramassé que des bribes intéressantes à l'édification de son église pour convertir leurs croisades en hégémonie. Une institution qui inscrivit ses fonctions au gouvernement pour se lier au pouvoir tandis que lui, Jésus, le combattait... Elle s'amende cependant de ce passé ténébreux depuis que la vérité descend lentement sur un monde d'humanité qui connaît le pardon et la rédemption.

Toutefois, certains croyants ont participé au développement de cette charité qui parvient à s'élever laborieusement, progressivement, graduellement mais perpétuellement.

Car la parole du Sauveur préconise la fraternité et plus rien ne pourra arrêter toutes ces âmes en quête d'amour. Tout ce qui ne vient pas de l'amour et cultive les haines et les guerres ne saurait être le socle d'une religion. Lorsqu'à la lecture des Écritures on sonde le support des trois grandes religions monothéistes, c'est un roman hallucinatoire bourré de haine, de guerres, de conflits, de combats, de batailles, de catastrophes, depuis leurs premières lignes descendues du ciel et qui perdurent à ce jour. Des décennies de massacres en tout genre pour obliger l'existence d'un Dieu que les religions n'ont nul besoin de vouloir transmettre au gré de leurs diverses interprétations. Imposer une soumission quelconque que partagent les extrémistes ou quelques religieux farfelus de ces originalités décrédibilise la foi.

Le Dieu de l'humanité n'est pas celui de ces cultes barbares dans un ramassis de perversités affamés de pouvoir et de massacres. Dieu est en l'homme et la femme, dans cet accouplement créateur. Il n'y a aucune chance de vaincre l'esprit de l'homme. La vie est synonyme d'amour. Tout au long de l'existence de l'humain, des animaux, des végétations, l'amour conduit à l'épanouissement des êtres. Et du plus riche au plus pauvre, les hommes réussiront à appliquer ce fraternel sentiment de partage que ce Dieu d'amour démontre.

Où se cacherait ce Dieu que l'homme découvre dans sa foi, capable de tout, du meilleur comme du pire, sinon à l'intérieur de lui-même. Les hommes font le choix de leur religion mais Dieu n'en a aucune... Il est Dieu, pour tous, sans aucune distinction de croyance ou d'athéisme.

Jésus ne dit jamais *« je suis le fils de Dieu »* mais *« je suis le fils de l'Homme »* ...

Les foules parlaient de lui comme étant un des prophètes ressuscités, ou Eliya... Ou bien Jean le Baptiste...

Alors Jésus demande à ses apôtres, *« Mais vous, qui dites-vous que je suis ? »* et Pierre, paraît-il, lui répondit, *« le Christ de Dieu »*.

Tout comme le grand prêtre qui tenait à le condamner criait : *« jure nous que tu es le Christ, le fils de Dieu ! »*, et Jésus lui répond : *« c'est toi qui le dis »*.

Tous les miracles du Christ sont tournés vers la science et la médecine. Il aurait pu faire pleuvoir des pièces d'or et des billets de cent euros chaque semaine, vaincre les ennemis romains et garder leur royaume. Il pouvait faire des ponts d'or avec des lingots, remporter des batailles, conquérir tous les continents, se la couler douce au soleil avec les blues bell's girls du Palace pour l'éternité. Qui n'aurait pas utilisé à sa place de tels pouvoirs pour obtenir les biens précieux de la terre à sa seule disposition, puis les redistribuer équitablement entre tous les peuples à sa convenance si besoin ? Le chemin de la pauvreté n'a pas changé, celui des inégalités non plus et tous les miracles de notre pauvre Jésus n'ont servi qu'à son éternelle postérité Divine et bien peu à l'humanité. Mais quand même, une couronne d'épines sur la tête, qui veut la porter ? Cette couronne qui ceinture sa tête comme les fils barbelés d'une prison afin d'y enfermer toute pensée révolutionnaire.

Son passage miraculeux n'a d'autres messages que la médecine et le bien de ce monde. Guérir, partager, pardonner, comprendre, aider, aimer. Des lépreux aux paralytiques, des non-voyants aux sourds-muets, de la famine à l'injuste châtiment, de la mort à la vie, il n'a cessé d'enseigner le monde à la fraternité et à l'amour de son prochain jusque marcher sur l'eau en signe d'inutilité des frontières. Des miracles pour l'égalité de tous les êtres.

Les SMS n'ont pas été saisis jusqu'alors, mais aujourd'hui...!

Le devoir de l'humanité doit proscrire l'intérêt de la propriété démesurée comme bien individuel. Pourquoi laisser amasser des sommes colossales de fric par certains pendant que d'autres n'ont absolument rien ?

Lorsque cet immigrant extraterrestre va peupler la planète Mars, devra-t-il y porter son Dieu dans sa besace, ses lois et ses codes, ses coutumes et usages afin d'envisager d'autres guerres barbares en érigeant des frontières et des murs Martiens ? Comment appelleront-ils le sol ? La Terre ?

Cette Terre d'ici est Divine.

Dès l'école maternelle, les enfants aimeraient apprendre à cultiver les plantes, soigner les jardins, panser les bêtes, acquérir comme devoir d'entretenir notre environnement et le protéger. Faire des sorties quotidiennes dans les campagnes et redonner aux villes enfumées les allures du bon bougnat. Activer une mise en place d'une éducation respectueuse de notre environnement, immédiatement, dans toutes les écoles du monde... Sinon ils ne verront bientôt plus à quoi ressemblent une vache, un mouton, un cousin chimpanzé, une rose... Et même leur propre mère.

Le vieux chêne au fond de la forêt dit aux autres habitants :
« Nous sommes à l'abri des vents et des pluies car nous nous appuyons les uns sur les autres pour nous protéger des tempêtes. Notre forêt est un garde-manger pour les habitants qui y vivent et ceux qui y viennent. Et, il en reste largement assez pour nourrir d'innombrables êtres encore. Les uns sont les autres et nous ne sommes qu'un ».
Il laissa tomber sur la mousse fraîche quelques glands pour la cueillette des enfants, si peu nombreux, qui traversent son bois. Dans l'ombre percée par les rais de lumière du soleil qui donnent à ces clairières un décor théâtral, les glands tombent un à un comme de lourdes larmes chargées d'amertume ; et le vieux chêne reprit tristement.
« Je suis le roi de cette forêt depuis des siècles, bien plus de six cent ans. Mais les hommes détruisent tout. Nous étouffons et n'arrivons plus à fournir un oxygène sain pour conserver nos verdures et nos couleurs. Ils ont commencé par tuer nos loups parce qu'ils leur ressemblent, puis nos ours pour

leur fourrure, nos éléphants pour l'ivoire de leurs défenses. Aujourd'hui par leur faute, rouges-gorges, chardonnerets, rossignols disparaissent des bois dans l'asphyxie d'une pollution démentielle, démesurée. C'est une folie inacceptable, conclut le vieil arbre. »

Les abeilles perdent leur capacité de régénération des pollens et commencent à disparaître. Les hommes s'en sont pourtant inspirés pour apprendre la sédentarisation, pour apprendre le travail quotidien, pour apprendre les gestes réguliers et rentables, pour apprendre à vivre tout simplement. C'est dans cette observation de l'abeille que l'homme préhistorique a donné un sens à sa culture générale. Chaque jour, à la floraison matinale, quand les plantes s'épanouissent et offrent leurs pollens au monde, l'abeille sort de sa ruche et jette son dévolu sur une fleur ; une marguerite par exemple, toute la journée, elle ne butinera alors que des marguerites. Demain peut-être serait-ce un coquelicot ? En butinant toujours la même fleur, elle acquiert à chaque plan un peu plus d'expérience à lever les pollens sur l'espèce florale choisit. Elle stimule ainsi son rendement au fil de la journée. Elles sortent de la ruche pour aller travailler et rentrent après le labeur. Organisées, assidues, régulières.

Les Hommes, au terme d'une fin de préhistoire, ont cessé de se déplacer pour chercher la nourriture. Ils ont vu la nature comme il fallait la voir ce jour-là. Avec du temps et de la réflexion. Alors, l'homme est sorti de sa grotte comme l'abeille de sa ruche et s'en est allé chaque matin à la cueillette de tout ce que la nature lui offrait, comme sa maîtresse, l'abeille, butine des fleurs.

Le mode de vie de l'abeille et des autres animaux joue un rôle primordial dans l'humanisation de Cro-Magnon. Il a appris à vivre sur place à son tour. Inutile désormais de courir après les gibiers et la nourriture ; il suffit de l'exploiter puisqu'en définitive tout est à proximité.

En observant attentivement les oiseaux faire leur nid en tressant des brins d'herbes, des bouts de branches ou de roseaux, ils ont appris à fabriquer des paniers, des huttes gauloises par la même occasion puisqu'il a suffi de retourner le panier ou le refaire à l'envers. Voilà un toit. L'hirondelle a dévoilé la maçonnerie. L'araignée montre tout son art à tisser le fil. Les poissons et les petits canards ont enseigné la nage. Les oiseaux migrateurs l'aviation. Que l'homme ne puisse vivre sans eau est une estimation plutôt basique. Il ne peut vivre sans la nature tout simplement.

De l'Éthiopie à la Somalie se dessinent les premiers signes retrouvés du monde de la sédentarisation occidentale de l'individu. Il a posé son derrière sur une pierre et s'est interrogé. Il y en a marre de cavaler après les troupeaux et de tourner en rond comme une toupie. Il ne sait pas encore que la terre est ronde et que ça fait des siècles qu'il en fait le tour sans s'en apercevoir. Plutôt que de courir pour exister, pourquoi ne pas garder les petits que l'on piège et de les élever. C'est ainsi que sont sortis du sol comme des prisons les premiers enclos avec troupeaux inclus et le système d'enfermement.

Mais si l'homme extermine les êtres de la nature, sa propre identité sera en voie de disparition de cette planète. On voit les renards, les sangliers, les loups quitter la forêt pour aller chercher de la nourriture en ville ; dans les poubelles en plus... Car tout meurt lentement et malheureusement, sûrement.Songent-ils en cet instant que leur tour viendrait plus rapidement qu'ils ne pourraient en douter, à cause de l'absurdité d'un paradis jouissif aveuglant. Par quel miracle, si ce n'est par l'apprentissage de la nature, pourraient-ils survivre ? Ne voient-ils pas qu'ils détruisent leur propre paradis ?

La nature est la boussole de l'homme. Il doit la respecter avec maîtrise et non par caprice...

Malgré tout, une Force Divine veille encore. Cette force que la pensée universelle manifeste chaque instant, qui stimule l'inconscient dans une espérance vagabonde jusqu'à la croisée des chemins, là où une mère Nature féconde de science et de paix vient bénir cette marche. La distinction de l'espèce humaine est celle de croire. De chercher et de croire. Quelque chose de puissant que l'homme ne saura peut-être jamais maîtriser oriente en chacun ce passage des gênes sauvages à la docilité d'aimer. L'individuel est universel. Le progrès ne donne qu'une illusion de confort mais le vrai confort est naturel, au plus près de la terre.

Croire en quelque chose. Contourner sa voie providentielle en suivant les codes qu'imposent des règlements souvent erronés, injustes parfois. Quand bien même à vouloir faire autrement ne saurait résister au destin. Une modification incontrôlable sur le chemin de la vie, un événement imprévu, malencontreux peuvent modifier l'épanouissement de l'être vers une trajectoire sans artifice, voire une déchéance insurmontable. L'Homme ne peut mettre en œuvre des choses qui ne soient en son pouvoir d'humain. Il ne peut avoir ce qu'il veut sans y croire, sans une foi profonde.

Cependant, des détours secrets dans le voyage de la vie font parfois que le sens même des initiatives personnelles les étouffent. Un décès, une pulsion amoureuse, un divorce, une grave maladie, la perte d'un travail, indique une urgence à dominer une situation imprévue et absolue, au risque d'aveugler sa maîtrise et ses actes.

Le destin ne se maîtrise pas. Henri Pena-Ruiz dans ses légendes de la pensée rapporte le mythe « de la femme assise au coin du feu dévidant et filant » représenté dans un tableau de Ronsard. Beaucoup ont déjà vu des photographies de ce tableau quelque part, sur un calendrier ou une reproduction sur une assiette, un vase et autres objets.

Dans l'Antiquité Grecque, les Moires sont trois divinités, filles de la Nécessité qui ont été engendrées de la Nuit. La légende raconte qu'elles ont été choisies par les dieux grecques pour être les fileuses du destin. Lourde tâche que d'accomplir l'indésirable, dernier instant vivant dans l'éternité. Elles ont été désignées pour mesurer la longévité de vie de chacun. La première tient le fuseau d'une bobine qu'elle dévide sur ses genoux. Elle s'appelle Clotho. Très joli nom par ailleurs, tout comme celui de ses deux autres compagnes de ce service exclusif. Clotho, laisse dérouler le fil de la vie à sa consœur, Lachésis, qui mesure le fil pour ajuster la longueur de la destinée prévue pour cette vie. La troisième jeune femme, Atropos, tient le ciseau dont nul ne peut échapper à la coupe fatale, lorsque le moment arrive. D'un coup sec, elle tranche le fil. Clac ! C'est méthodique. Clac ! Clac ! Clac ! A chaque section une vie tombe. La navette de Clotho, une longueur prévue par Lachésis et clac ; le couperet d'Atropos sectionne une vie qui se prélasse peinarde dans un coin tranquille quelque part. Rien ni personne ne peut changer cet éternel mouvement des ouvrières, assidues, perspicaces, méthodiques, pas même les dieux de l'Antiquité. Une impuissance absolue à ce coupe-coupe sans appel car les fileuses bossent jour et nuit, sans interruption. La vie ne tient qu'à un fil.

Le destin fuse entre leurs mains. Chez les Musulmans, c'est ce qu'on appelle le Mektoub. Une main l'a écrit.

Les décisions, les choix dont chacun dispose au gré des facilités et des difficultés sociales, familiales, personnelles, géographiques, physiques, intérieures ou extérieures à soi, rendent erronée cette faculté de responsabilité intransigeante que caractérise le choix des actes. Bien que le choix soit un acte de liberté entre le pouvoir d'accepter ou celui de renoncer, l'existentialisme ne peut s'articuler sans les arguments de base élémentaire. Être né quelque part n'est pas un choix délibéré. L'homme et la femme ne sont que partiellement maître de leur destin. Le Mektoub décide du déroulement avec nœuds ou sans nœud du fil de la bobine et de son achèvement.

* * *

C'était un après-midi d'été sur une petite route départementale, comme « il était une fois », qui mène en haut d'un village des Hautes Alpes. Il faisait beau et même chaud en cette saison d'été bien que l'air frais des neiges éternelles, descende jouer un rôle de climatisation. Un temps magnifique sur un paysage exceptionnellement ravissant dont jouissent, gratos, les semi-montagnards du Champsaur.

Un jeune routard d'une trentaine d'années qui parcourait un itinéraire en auto-stop s'arrête à la terrasse du bar le Calypso, au pied de la route qui monte à Saint-Léger-les-Mélèzes. Il s'installe confortablement sur une chaise, s'étire afin de détendre son corps trituré par la marche et la chaleur, puis commande un verre de bière. Il ne semble pas pressé puisque libre de voyager à sa guise, sans souci du jour qui passe ou d'un emploi du temps qu'un créneau horaire définirait. Rien à faire, peinard, seulement une route quelque peu vagabonde à poursuivre sans tourment.

A la table voisine, un homme bien plus âgé que lui, boit aussi un demi de bière. Son teint est bronzé, basané par le soleil des montagnes et les rudes hivers du pays. Il présente tous les traits du vieux montagnard avec son chapeau de feutre râpé et ses larges mains cannées. On devine des racines au pays dans sa façon familière dont il s'entretient avec la taulière du troquet. Ce n'est pas difficile de repérer rapidement les habitués ou clients fidèles du bistrot d'un bled lorsqu'on s'y pose. Pareil d'ailleurs pour les villageois, qui devinent au premier coup d'œil les globes trotteurs, touristes et autres étrangers de passage. Des deux côtés source d'une rencontre. Et dans ces coins de campagne, tous les résidents se connaissent et se saluent ostensiblement. L'appartenance au village est une fierté et on le montre. Si donc le village réfère un site touristique ou une station balnéaire de province, même les saisonniers revendiquent une appartenance au pays.

Normal, ils bossent au cœur de la saison pendant des mois et s'adaptent, s'insèrent dans le décor, se sentent chez eux. Où qu'ils se trouvent, c'est toujours un peu chez soi. A quoi servent les frontières sinon à faire des guerres, guerres entre pays, conflits commerciaux, pugilats de quartiers. Aussi, un étranger a tôt fait de repérer les gens d'ici, parce qu'ils ont une fierté à vivre dans ce Champsaur. Un privilège dû à une qualité de vie exceptionnelle, été comme hiver dans ces montagnes en communion avec la nature.

Le vieux bonhomme demande au voyageur pédestre d'où il vient... Si l'auto-stop ça marche mieux que d'aller à pied ou à dos de mulet pour voyager... S'il y a longtemps qu'il traîne sa carcasse et son barda entre deux pauses. On ne voit plus trop ce genre de hippy sur les routes de nos jours. Pas comme dans les années soixante-dix où les jeunes partaient faire la route aux quatre coins du monde en auto-stop, jusqu'en Inde ! Peace and Love ! Peace and love était le slogan de cette jeunesse soixante-huitarde déçue par l'attribut des trois glorieuses dont les vieux nostalgiques de l'époque en font une masturbation cérébrale aujourd'hui. Comme s'ils y avaient été pour quelque chose dans cette période industrielle généreuse. Résultat sans équivoque de deux grandes guerres qui ont fait des millions de morts et d'une pollution quasi irréversible.

Mais l'ancien n'est pas un curieux. Il essaie seulement d'engager un brin de causette, mettre son interlocuteur à l'aise. Se parler, causer, converser, échanger son langage avec l'autre qui vient de loin ou de nulle part et qui, s'en va au loin... Ou peut-être plus près... Ou va savoir, nulle part aussi. Parler à l'autre, l'inconnu, l'étranger, c'est faire un bout de route avec lui, grimper dans sa carriole où il trimballe ses rêves, ses souvenirs de voyage, ses ressources acquises naturellement casées dans son intellect. C'est partager un trésor de ce que l'un veut bien offrir et de ce que l'autre lui tend en retour. Le partage rend les gens sympathiques, des deux côtés, de celui qui donne comme de celui qui reçoit. C'est le germe du collectif et de l'amitié.

Le jeune homme répond au vieux montagnard. Le dialogue est banal, sans originalité mais courtois. Le jeune voyageur ne semble pas très causant, plutôt rêveur entre quelques mots et autres silences. Est-il timide, renfermé ? L'ancien l'invite à prendre un autre demi de bière.

« Prends une autre bière, c'est pour moi... Avec cette chaleur. »

Dans les campagnes, c'est assez coutumier de proposer un verre à son voisin de table. Mais le routard décline cette invitation. Il n'a plus envie de boire.

« Même pas un galopin ? »

Non, il avait déjà bu un godet un peu avant, au petit snack sur la route qui mène ici. *Merci bien, c'est très gentil.* Il va continuer sa route sur Gap pour dormir làbas ce soir. Non. Il a le temps mais il va y aller. Il se lève de table, serre la main du vieux bonhomme, va jusqu'au zinc régler sa boisson à la patronne et retourne vers l'ancien pour ramasser son sac qu'il endosse sur ses épaules.

« Au revoir la compagnie...

Bonne route à toi ! », renvoie l'ancien.

Le sac sur le dos, le jeune routard s'en va avec un petit signe de la main à la tenancière et l'ancien. En avant guingan ! Il marche un moment sur le bord de la chaussée sans faire de halte. La route grimpe pas mal vers cette sortie du village. Pas de tournant, pas de virage, bien droite mais ça monte. Ça ralentira les bagnoles. C'est mieux que si elles déboulent à quatre-vingt kilomètres heure, parce qu'à cette vitesse, elles filent sans s'arrêter.

En plus, elle est droite comme un „ i " la chaussée à cet endroit ; sur un bon tronçon, jusque vers les maisons du haut. Un bel emplacement pour faire de l'auto-stop, qu'il se dit, le stoppeur de caisse. Il pose son sac contre le panneau de signalisation, juste à côté de lui, en souhaitant se faire ramasser facilement pour aller sur Gap.

Il était là depuis à peine deux minutes lorsqu'un gros quatre-quatre de montagnard passait devant lui dans la bonne direction, mais le gros cylindré continua pour aller se ranger sur le bas-côté, une trentaine de mètres plus haut. Le conducteur claqua la portière et disparu dans le village. Le jeune homme, voyageur du hasard, se retourna dans l'autre sens d'où viendraient les voitures en ajustant à ses oreilles les écouteurs de son walkman. Il ne vit rien venir. N'entendit aucun bruit sinon cette chanson au diapason du rêve. L'énorme véhicule 4x4 l'écrasa contre le poteau d'un coup sec et fracassant. Tout s'arrêta net contre ce panneau signalétique. La vie du mec, tué sur le coup. Le gros 4x4 calé contre le panneau encastré dans sa benne. Au milieu, comme une merguez, entre la benne et le panneau, notre routard sans vie, tué par un éclat du destin.

D'après les premières constatations de l'enquête, le frein à main du 4x4 a lâché. Le lourd utilitaire est alors redescendu en marche arrière au point mort, c'est le cas de le dire. Son poids entraînant la vitesse, il a glissé bien en ligne droite, jusqu'à son point de stoppage, le panneau, sur sa trajectoire hasardeuse. Malheureusement, entre les deux précisément, entre le 4x4 et le panneau, et à cet instant mesuré à l'heure juste avec une précision helvétique, ce pauvre garçon la musique dans la tête boucle son voyage. Pas à vingt centimètres à côté du panneau ; non, bien en face. Pas un autre que lui ; non, lui ! Et pourquoi n'y avait-il pas un vide à cet endroit au moment du choc brutal ? Pourquoi ne pas être derrière le panneau ou même sur un côté... De l'un ou de l'autre côté, peu importe quel côté, mais un peu à côté, merde !

Et le verre du vieux ? Il ne pouvait pas le boire le verre du vieux à la terrasse du Calypso ! Même un galopin ! « Un p'tit galo vite fait ». Un contretemps aurait contrarié cette machiavélique harmonisation. Ça changeait tout. Mais alors du tout au tout ! Purée va ! Faut que ça lui arrive à lui. Pourquoi pas à un autre ? Hé oui, pourquoi pas ? On ne peut pas revenir légèrement en arrière dans son histoire, jusqu'au bar au moins, pour prendre le godet qui change tout. Tout redéfaire et tout refaire, comme il faut, bien propre.

...

C'est le Mektoub...

Toutes les conditions réunies en une parfaite coordination, une orchestration artistique avec musique intégrée au système, la perfection de l'algorithme depuis le début de l'après-midi et sûrement bien en amont... Et jusque dans l'au-delà pardi. Les freins qui lâchent, à cette heure-ci, c'est du jamais vu !

« C'était son heure » comme disent les anciens et même les plus jeunes, d'un air indifférent. La faute à la fatalité.

« Paix à son âme », dit le vieil homme.

Paix à son âme évidemment.

Ainsi, considère-t-on qu'il avait une âme puisqu'elle lui promet cette éternelle paix si désirable et inconditionnelle. Par-delà, on admet l'existence de cette âme qui éternise notre vie dans la paix car dans l'opinion, il y a ceux qui croient en l'âme et ceux qui ne croient pas à cette doublure en soi dans le corps, comme un commandant dans son navire, selon Descartes. Le mystère de l'invisible est aussi impénétrable que celui de Dieu et procède invariablement à des interrogations humaines où l'homme n'apporte pas de réponse paisible. La paix reste néanmoins le carburant d'une vie qui tend au bonheur. Dans l'Antiquité, la philosophie grecque attribuait la paix au bonheur et ainsi, le bonheur au souverain Bien. Le Bien Suprême disait Aristote. Les philosophes voyaient le bonheur dans la tranquillité de l'âme, vers la fin de la vie, qu'ils appelaient le bonheur des Sages.

Paix à son âme est une expression évoquée même longtemps après la mort du défunt dans une conversation, une réunion de famille ou entre amis. Depuis des millénaires le mystère de la mort, de l'âme et de l'éternité de celle-ci, fascine l'humanité et les religions ou croyances différentes. Une vie parallèle, une vie supérieure, rien ? L'une ou l'autre ou rien ? Qu'est-ce que ça peut bien faire puisque nous vivons les instants présents remplis de ceux du passé et que ceux à venir défileront du fuseau de Clotho pour s'évider entre les mains de Lachésis. C'est Atropos qui tranche sans avis. La vie est entre les doigts de ces petites mains expertes dans la coupe et la taille du costard de la destinée…

Le Mektoub.

Des accidents, il y en a tous les jours. Sur la route, à la maison, dans son jardin, au sport, au boulot, en vacances ; des domestiques, des provoqués, des naturels, de toutes sortes. Même la nature, si bonne, si belle, si prévenante déploie ses caprices morbides, destructeurs, dévastateurs, ravageurs… Mais la nature se reconstruira, on peut compter sur elle. Elle n'épargne pas l'Homme, comme si de temps à autre, elle tenait à lui rappeler ses devoirs, ses devoirs d'homme, ses devoirs de conscience humaine, et que cet homme, si grand soit-il dans son hémisphère social, n'en est pas moins « qu'un tout petit rien du tout » dans cet univers où Atropos ne distingue pas d'échelon pour son coup de sécateur. La grandeur d'un homme ne peut l'être que grâce à celle des autres. Dans toute sa grandeur ou sa gloire, la vraie valeur de l'homme est l'humilité.

Tout passe et tout revient. Bien que personne n'aura semé, l'herbe poussera un jour ou l'autre.

Attila brûlait tout sur son passage et disait : *« là où je passe, l'herbe ne repousse pas. »*

C'était sans compter sur la puissance Divine de la Nature qui régénère tout ce qui meurt. Personne n'est maître dans ce monde. La Nature est la Vie, l'un est l'autre.

Dans mille ans, c'est loin et si proche pourtant, quand la nature aura adopté le cycle de sa nouvelle expérience et de ses conséquences, qu'elles soient polluantes, perfides ou écologiques, la nature restera l'esprit de cette terre que peut être transporterons ailleurs les terriens migrants, vers une autre planète en résidence secondaire. Que feront-ils alors de Dieu dans ce nouveau monde où il n'a rien à voir avec sa création ? Viendra-t-il avec eux sur cette planète déserte de tout, nue et sèche ? Le terrorisme terrien enverra-t-il ses soldats faire exploser les nouvelles populations mécréantes au nom de Dieu ou d'Allah ?

Dieu est-il partout dans l'univers ou uniquement dans la Genèse et autres Écritures depuis Adam et Eve ?

La nature est sauvage et docile à la fois. L'Homme s'en prend à Dieu lorsqu'elle gronde de colère. Pourtant Dieu aurait bien désigné l'homme et la femme responsable de la gestion de ce patrimoine naturel. Les perturbations que l'homme cause à son espace ne fait qu'alimenter la folie dévastatrice de la nature. Elle semble répondre et se défendre à tout le mal que cette civilisation lui inflige.

Elle ne s'autodétruit pas, elle se régénère.

La planète Terre est un être vivant.

L'Homme est le garant des bons soins et des modifications comportementales à maîtriser pour protéger sa mère originelle. N'y a-t-il pas de pacte d'amour conclu entre la mère et ses enfants ?

La nature a donné à toute la création ce partage entre le masculin et le féminin afin de procréer l'unité. L'un sans l'autre ne peut accomplir le dessein de la prospérité vouée à la communion des deux. L'Androgyne dans l'Antiquité représentait l'image indissociable du masculin et du féminin : du latin „Andro" homme et „guné" femme. L'amour, comme unité symbolique indéniable de la vie sur terre. René Descartes, philosophe du 17ème siècle, disait de l'amour : « *La nature ne fait point imaginer qu'on ait plus besoin d'une moitié* ».

En effet, le principe d'amour et de fécondité témoigne dans l'accouplement sa forme d'unicité. Symbole que l'on retrouve encore dans l'étoile de David. Deux triangles enchevêtrés l'un en l'autre. Une géométrie spirituelle qui représenterait le calice, symbole femelle qui reçoit, et de l'épée, symbole mâle et fécond qui pénètre. Deux moitiés suffisent à l'Unité.

L'amour est l'unique volonté de Dieu. La nature et la science sont les socles de l'Humanité. Ce chemin désigné par un Jésus partageur de miracles destinés à la science était voué à éradiquer les injustices et les inégalités afin de réunir l'humanité autour de l'amour de ce monde.

Dieu, la Vie, la Nature, l'Amour... Tout ce Monde n'est qu'UN.

Le messager de la science, de la Nature, de l'Humanité ne demande pas de bien connaître qui IL EST. Il se réduit à l'humilité de l'enseignant, celui venu propulser les désirs d'espérance sur une incessante curiosité à vouloir tout savoir pour saisir l'âme du monde. En choisissant l'homme gérant de toutes choses qui animent cette planète, IL met dans l'âme de ce monde, la conscience, les instincts secrets qui poussent l'intelligence vers l'œuvre et la mission qu'IL encourage de poursuivre avec amour.

« Aimez-vous les uns les autres », c'est ainsi que parle Celui qui dit la Vérité.

* * *

Indien vient de plonger dans le bassin communal. L'eau fraîche coule en permanence par deux morceaux de tubes recourbés, scellés sous les pieds du soldat inconnu. Une plaque commémorative en marbre noir énonce en lettres dorées les noms des enfants disparus pour la France au cours des deux dernières guerres.

La liste est longue.

Ça en fait des morts, la guerre, incroyable. Rien que dans un petit village... Voilà la liste... ! Et encore, il n'y a que ceux connus dans l'énumération de l'état civil puisque de surcroît, il y a au minimum l'inconnu. Des noms bien répandus dans la commune. Ça tue, la guerre ; mais on aime bien car on en fait éternellement. Une longue liste des soldats morts pour leur pays. Que des prénoms d'homme. Pas un seul prénom de gonzesse. Ni en 14-18 ni en 39-40. Que des soldats. C'est vrai que ça n'existe pas soldat au féminin, on ne dit pas soldate, même pas pour Jeanne d'Arc. Les femmes trouvent les hommes privilégiés... Et que penseraient aujourd'hui tous ces héros forcés qui furent frappés d'une balle en pleine tête sur le front de bataille pour la patrie.

Il y a des lacunes normalisées, comme si tout serait logiquement nécessaire durant le temps que ça arrange bien les uns ou les autres. Une fois la guerre finie, les bonhommes se font rentrer dans le lard comme d'ignobles salopards qui ne font qu'emmerder les filles dans la rue.

Quoique la guerre s'est modernisée. Il y a moins de soldats pour la faire grâce aux avions de combat et autres armements sans pilote. Ça fait un peu plus de victimes dans les populations civiles mais ça enrichit les présidents qui les font, sinon ils n'en feraient pas. Il y a même des présidents dans des pays en paix qui sont aller faire plusieurs guerres ailleurs dans un seul mandat présidentiel. Comme quoi ça doit énormément lui rapporter, car à son pays ça ne rapporte rien d'autre que des ennuis avec le terrorisme.

Il y a une autre guerre mondiale actuellement mais peu nombreux sont les généraux à vouloir la faire. Elle ne paie pas. La guerre écologique ou climatique n'intéresse guère les chefs d'état. Il n'y a pas un penny à prendre. La preuve, les gouvernements offrent de grosses primes aux citoyens qui rachètent une voiture neuve en échange de leur vieille bagnole polluante. Parce que la neuve ne va pas polluer. Mais si tu jettes ta voiture à la casse et que tu ne rachètes rien à la place, on ne te donne pas une prime pour abandon de pollution.

L'incohérence galopante comme la contagion d'une débilité profonde...

Un illogisme retrouvé sur le tabac, la clope ; fumer tue ! Mais ce n'est pas interdit de fabriquer des cigarettes bourrées de poisons, de les commercialiser et d'en taxer la consommation d'un impôt grotesque pour éviter les morts. Dans les sociétés si merveilleusement bien fondées sur la base démocratique des démocrates en avance de la Grèce Antique, la loi permet de tuer à coup de poudre à canon ou de cancers tabagismes des populations soumises à la démocratie de leur souverain. Tiens arrange toi avec ça, cadeau (çvrd) .

Les gréco-romains ont appris à démocratiser, à débattre, à juger, à nommer des sénateurs, enfin, à vivre dans une démocratie. C'est assez compliqué mais tout de même valable pour toute la planète...

...

Et avant eux, on faisait comment ?

Hé bien avant eux, l'école occidentale nous apprend que c'était les égyptiens les plus avancés. Une civilisation riche en culture, grandiose. Ben ouais, on ne connaît qu'eux dans nos livres d'histoires. Bien qu'on en sache un peu plus de nos jours qu'à l'époque de l'école d'autrefois sur cette civilisation égyptienne. Les rôles restent inchangés, ils étaient tous esclaves du Pharaon et ils avaient plein de dieux. Ils travaillaient, comme des fourmis... Et que je te traîne des cailloux et que je te traîne des cailloux. On est beaucoup plus libre aujourd'hui, on met les cailloux dans le camion et il n'y a plus qu'à conduire le camion. On est moins esclave parce qu'on est libre, parait-il. Ou plutôt ça se voit moins. Aujourd'hui on a le droit de faire tout ce qui n'est pas interdit, mais tout est interdit. L'homme peux tout faire et ressentir une grande liberté s'il a assez de fric pour être libre. S'il n'a pas d'argent, il reste esclave de l'argent qu'il n'a pas, puisque les esclaves n'ont pas d'argent. Ça tourne en rond. Alors si c'était mieux avant que maintenant, Dieu seul le sait.

Si on récapitule l'histoire de l'humanité comme apprise dans les manuels d'école du vingtième siècle et dans les diverses institutions religieuses ou patronages, ça se résume ainsi : il y a eu Adam et Eve, les premiers nés sur la terre, de Dieu le Père, Créateur du Tout.

Par ailleurs, les hommes des cavernes ont inventé le feu pour combattre les dinosaures, se chauffer au fond de la caverne et, quand vient l'été, faire des barbecues sans mettre le feu à la forêt. Ensuite, les égyptiens et leurs vieilles momies ont construit des pyramides pour le pharaon, Famille Ramsès. Le père et sa descendance semble-t-il. Mais le mieux c'est la Grèce Antique avec ses belles images archéologiques, de l'histoire très ancienne pour les écoliers.

Par contre, c'est trop confus avec le catéchisme inondé de contradictions. On nage un peu. Il faut enregistrer les vestiges des temples grecs, romains, égyptiens, le père Démocrate et son cousin Socrate et suivre en parallèle l'histoire des curés… Qui laisse plus ou moins à désirer. Tout se situe dans une même ère, comme un début d'humanité qui apprend la vie. Un peu comme pour un bébé qui commencerait à marcher seul mais qui ne sait pas trop où il va. Le maître d'école l'explique de façon très simple, comme si tout allait bien. Rien d'anormal.

Donc tu vas au culte, on te raconte une histoire sur tes ancêtres, tu arrives à l'école, on t'en fourgue une autre. Ce n'est plus la même. Ben oui, il s'en balance lui le prof ; c'est du passé, il en a rien à traire. Il déboise son programme pour que les élèves remplissent les pages d'examens de fin d'année. Il a des obligations même si elles ne sont pas toutes rationnelles.

Déjà, tu ne peux pas tout croire à la fois entre la turne et le caté. Même quand t'es môme, tu vois bien qu'il y a du charabia quelque part. Jésus condamné par le romain Pilate ou par les feujs ? A peine commencé qu'ils sont déjà en désaccord. Enfin, ça se renvoie la balle entre les Grands Prêtres juifs et Pilate. L'école ou le caté ne nous dit pas qui va porter le chapeau du crucifiement ; personne n'en veut. Au contraire, tout a été mis dans le même chapeau. Démerdez-vous les gens. Comme si tout était normal. Avale ça. Quand on t'apprend que tout le monde meurt dans la vie, sans exception, et que Jésus a été condamné à mort, torturé dans les pires souffrances, des choses inimaginables, ça tu peux le croire, c'est sûrement absolument vrai. Torturer son prochain, l'homme sait faire, pas de souci. Mais le message de celui cloué sur une croix est l'inverse : « *Aime ton prochain comme toi-même* ».

S'il est ressuscité dans son tombeau trois jours après d'où il s'est barré en cachette, bien avant que des témoins le voient se balader avec des vagabonds et de vieux copains par la grand route, il y a un doute... Mais puisqu'on le dit, pourquoi pas. Des miracles, il y en a tous les jours.

Celui qui est trop pur et trop naïf pour ce monde en mûrissement n'a aucune chance de pouvoir s'en sortir dans cet imbroglio insidieux. C'est une Sacrée Histoire.

Les romains étaient et commandaient partout ; c'était des envahisseurs d'armes, pas comme les migrants d'aujourd'hui qui immigrent de chez eux et deviennent migrants ailleurs, c'est à dire étranger indésirable. On en trouve beaucoup en Europe, on les dit envahisseurs. C'est pour ça que les gens d'Europe appellent les migrants : « les romains », car ils viennent de Rome. C'est coutumier.

Ce n'est pas très gentil d'être contre l'immigration alors que tous les hommes sont descendants de migrants. Mais le plus difficile est de partager son confort...

Pourtant, à la moindre canicule de quelques petits degrés au-dessus de la moyenne, tout le pays est en alerte. On ne peut plus travailler ; on se rafraîchit à volonté, on se révolte contre le bon dieu de cette atroce chaleur de trente-six degrés. Quelle horreur. On en peut plus ! Depuis une semaine que ça dure... Rarement coule l'empathie de comprendre pourquoi cette immigration joue sa survie dans des pneumatiques de fortune sur une mer en furie, elle aussi... Cette canicule européenne fait-elle prendre conscience qu'il faudra peut-être un jour à son tour fuir des chaleurs et sécheresses accablantes ? On n'a pas besoin d'explications nébuleuses sur les causes migratoires...

A l'école primaire, on ferait mieux de nous apprendre la philo, ce serait moins compliqué et de meilleur utilité pour la suite de l'existence. Regarde les québécois qui font des exercices de philo dès la maternelle, toujours le mot gentil avec le zen aux lèvres. L'enfant est le plus grand des philosophes. Seulement les philosophes sont précurseurs de révolutions, c'est la faute à Voltaire et à Rousseau. Alors en France, la philosophie comme matière éducative primaire, il ne faut pas déconner non plus, le plus tard sera le mieux. En menant une politique ancestrale selon nos vieilles dictatures royalistes, il est bien plus facile de tenir les sujets au pli dans la conduite d'un plagiat de démocratie. On te laisse croire à un espace sociétal libéral pour que tu ne philosophes pas. Ce n'est jamais bon pour les gouvernements les gens qui pensent, notamment ceux qui pensent trop. Pourtant, sûr que les gamins et les gamines adoreraient la philo. Rien que l'étymologie du mot et sa résonance, feraient de cette discipline, la plus appréciée des classes débutantes. C'est doux à entendre, c'est joli. « Philo », qui vient du grec « aimer » et « Sophia », qui signifie dans la Grèce Antique « le savoir », « la sagesse ». Aimer le savoir. Aimer la sagesse. L'Amour de la Sagesse. Voilà des mots qui sonnent juste dans les petites têtes des gosses. Aimer est un mot facile à comprendre, le premier dans la langue universelle. Un mot passe partout. Une vraie clé, qui ouvre tout, de partout.

« Je t'aime… Allez c'est bon entre ».

« Je t'aime, je t'aimais et je t'aimerai » !

Ça chante toujours très bien avec tous les accents à tous les temps, sur n'importe quel air musical. Présent, passé, futur, imparfait, plus que parfait peu importe, une clé miraculeuse.

« *Il est bon mon gâteau ?? Ha oui mamie, il est bon ; je l'aime !* »

Plaf ! Une deuxième part dans l'assiette.

« *Et Papy ? Tu l'aimes Papy ? Hein ? Tu l'aimes Papy ?*
Ha oui Papy, je t'aime ! »

Badaboum, bingo, dix euros ! Une vraie tirelire, une machine à billet. Surtout le « *je t ,aime* », tout net, comme ça, nature, qui marque bien une conjugaison présente, instantanée. Ça marche à tous les coups, un bingo comme au casino !

« *Je t'aime, je t'aime et je t'aimerai…* » Houla ! Un coup de loto ! Vingt euros ! Le braquage du siècle. Tout le monde fait des erreurs…

Pourtant les gros bisous sont plus équilibrés et égalitaires.

Enfin, après la disparition mystérieuse du Christ, c'est le moyen âge et les sorcières, les grands rois de France et les courtisanes, la révolution française et la guillotine qu'on a cachée aux rebuts de l'histoire, avant qu'elle ne devienne électrique ou numérique et qu'elle tranche en chaîne. Et aussi deux guerres mondiales contre l'Allemagne et avec les américains, les sauveurs du monde ; sans quoi nous serions tous en Germanie. On aurait été simplement dénationalisé mais pas migrant, un simple changement de patriotisme, France- Allemagne. Une guerre et des millions de morts pour rien, pour finalement tous finir européens quand même. Sacrée blague !

Ça migrait sûrement beaucoup durant les dernières guerres. Il faut quand même préciser que « *les guerres des autres ne sont pas les nôtres* ». Terre d'accueil, on veut bien un petit peu mais les noirs, c'est plutôt des migrants que des immigrants, des gens qui viennent chez les autres. Comme ce pauvre couple de retraités de l'administration qui partage paisiblement sa retraite avec d'autres vieux dans sa résidence secondaire en Espagne où ils vivent environ six mois de l'année. Ils préfèrent passer leur retraite en pays ibérique, c'est bien mieux ensoleillé... Et moins cher ! Leurs enfants ont „réussi", dans la vie, ils sont mariés, ont fait des petits qui sont professionnellement tranquilles pour longtemps à leur poste respectif dans des administrations de l'état. Même le petit dernier est parti s'installer en Australie où la vie, là-bas, est parait-il si extraordinaire. Puisqu'il le dit lui-même. Un continent qui s'est fait tout seul, avec des marginaux de tous poils arrivés d'on ne sait où. Du coup, ça a fait un continent plus serein que tous les autres... Va comprendre.

D'ailleurs, ils s'y rendent chaque année leur rendre visite aux gamins. Il a rencontré une australienne charmante avec qui ils ont eu deux enfants. Leurs petits enfants sont tellement beaux. Et intelligents hein ! Faut voir ça ! Il n'y a pas à dire, quand tu mélanges les principes élémentaires, les cocktails sont fabuleux ! Non ! Leur fils n'a pas envie de revenir en France, ils sont bien là-bas. Et puis elle, leur belle fille, elle a déjà de la famille installée sur le continent australien depuis des générations. De toute manière on leur déconseille de revenir. Quand tu vois tout ce qu'il se passe ici. C'est si beau l'Australie, si grand. Non-non, ils sont bien là-bas. Et puis la France, tu vois bien ce que c'est devenu. On fait que payer, on n'arrête pas de payer. On paie pour les autres, tous ces migrants qui viennent de tous les côtés, ces noirs qui nous envahissent pour profiter des allocs. C'est des voyages organisés à ce qu'il paraît chez eux. Ils recherchent sur internet le pays qui donne le plus en prestations sociales aux étrangers. Si je vous le dis, c'est internet qui l'a dit. Alors tu parles, ce n'est pas dur. Il faut juste partir de son pays et aller au plus offrant. Il y en a qui opte pour la France. Une fois en France tu deviens systématiquement migrant et étranger à la fois. Du coup tu touches de tous les côtés. C'est magique la France pour les migrants. Pour les français un peu moins. Le français, il vaut mieux pour lui de vivre à l'étranger. D'ailleurs, il y en a pas mal qui se barre à l'étranger. Vraiment compliqué ce truc de race, d'origine. Ça fait des guerres et après il faut fuir. L'autre fois, ils se sont même battus à Marseille, avec des parisiens. C'était des parisiens contre des marseillais. Pour de vrai ! Avec tout ce qui leur tombait dans les pattes : chaises, bouteilles, barres de fer. Ouais, dans les pattes parce que dans les mains, ça ne colle pas très bien pour évoquer un pugilat autant bestial. Pourtant ils sont tous français mais étrangers quand même... Et ils vont migrer où ceux-là, après le match ? Quoiqu'ils soient sur place pour les radeaux, la mer est au vieux port. Fuir Paris en traversant l'ennemi marseillais par le vieux port, drôle de légende.

Indien lape quelques gorgées dans la fontaine et d'un bond, saute le muret du lavoir pour se retrouver au centre de la place de l'église. Il s'ébroue énergiquement, lève la tête pour appuyer son regard perçant en direction du bar. Il a des yeux de feu, d'une couleur cuivrée. C'est là-bas sa maison. Le bar de « la Détente ».

Indien est un bel épagneul breton, tricolores à dominance noir ; moucheté de tâches rousses sur les pattes et le museau. Bel épagneul, disent ses admirateurs, beau mâle. Musclé. Il prend des attitudes qui ne figurent pas dans les manuels de défilé de mode canin. A se demander où il a appris. Il est unique, une star ! A chaque mouvement du chien, une énergie impétueuse s'exhale de cette superbe anatomie, comme ces mannequins dont la beauté se multiplie au moindre battement de cils. Elles savent qu'elles sont absolument très belles. Indien aussi ; sûr qu'il le sait à force de l'entendre. Sous le poil luisant de sa fourrure, vibrent les lignes affinées de ce corps musclé, taillé avec précision sur chaque centimètre carré.

Il ne voulait pas de chien, son maître, ou plutôt, son ami, car entre Indien et Jack c'est une histoire d'amour et d'amitié. Un chien, il faut s'en occuper, avoir du temps pour lui, c'est un compagnon vivant, bien en chair, qui mange, qui boit, qui parle. Quand on a une vie d'aventure, un coup à droite, un coup à gauche, c'est compliqué d'avoir un animal domestique et de lui apporter ce dont il a besoin. Et puis un jour Jack s'est posé dans ce bled perdu au confins de la Haute Loire où il a trouvé un bar-resto en gérance pour couler sa petite retraite tranquille, loin des villes et de la sauvagerie humaine. Tenter de retrouver des valeurs humaines en s'écartant au mieux d'une société qui préconisent des pouvoirs dans l'ajustement de la multiplication des inégalités et des injustices.

S'évader des métropoles, nouvelles sociétés qui s'appuient sur la répression pour défendre le protectionnisme. Le répressif social exhibe un populisme primaire. Dans les campagnes son expression est différente. Le populisme s'occulte en résumés sur le département. A la ville, le populisme est une affaire d'état. On exhorte l'insécurité comme argument fatal du mal vivre. Comme si les gens vivaient mal en Europe ou dans une grande partie du monde. Ce sont les dirigeants qui sèment le mal vivre. Une culture bourgeoise dans laquelle les acteurs veulent absolument être intégrée et qu'ils camouflent dans un illusionnisme artistique afin de laisser croire une modestie qui résonne faux.

Le prestige de la réussite sociale, le pouvoir, l'avoir : avoir une belle bagnole, la villa ou l'appartement à soi, la belle gueule et les belles fringues. En jeter plein la vue aux autres. Jusque dans les quartiers de banlieue, là où quelques jeunes en soif d'excentricité bourgeoise, poussent l'audace de montrer au grand jour, à la vue et à la face de toute leur cité, les belles puissantes berlines dernier cri qu'ils acquièrent via les trafics les plus divers et multimagouilles. Une façon du « j'me débrouille » pour exister aussi. Les stars du rap, du foot, de la scène, propulsés frimeurs professionnels par les réseaux divers, n'ont pas acheminé le rêve banlieusard mais invité l'envie des autres à leur table où ils les regardent briller comme des dieux. Les dieux du stade. Ils ne croyaient pas à ça dans la cité, les exclus de la société. Ils croyaient que leurs idoles allaient revenir à la casbah et que, tous allaient tremper la cuillère dans la boite de caviar. Ce n'est pas exactement ça mec, car une fois passé la cage d'ascenseur, le changement impose un « chacun pour sa pomme ». Du coup les autres, ceux qui n'ont pas eu la chance, le talent, le choix, l'opportunité d'atteindre ce qui fige cet écart immédiat entre le maigre pouvoir d'achat et la normalité, foncent dans le truc où il y a un rapport suffisant pour s'installer à la table du bon vieux pote de la zone. « *Y'a pas que lui qui se la pète !* »

Aussi, vivre en campagne modifie les comportements, réduit cette potentielle instauration de clan de banlieue, de quartier, de cité, de la ville. On a besoin de pas grand-chose. Le spectacle du « m'as-tu vu » s'opacifie et n'a plus cette sournoise exhibition de possession. On s'en rend moins compte. Cette espèce de besoin de paraître ne semble plus nécessaire pour exister et disparaît dans la nature qui offre différemment ce droit d'être, d'être aussi.

Rechercher la paix, la tranquillité. Pas simple en vérité. Jack pense l'avoir trouvée dans son troquet avec sa clientèle rurale et son chien. « *Si un jour j'ai un chien je prendrai un chien de chasse* » qu'il disait parfois lors de conversations concernant les compagnons domestiques.

Un habitué du bar lui a proposé un jeune chien de chasse.

« *Un épagneul Breton, c'est le dernier qu'il me reste d'une nichée. Il a six mois. Je te le donne. Non tu ne me dois rien ; je te l'offre. C'est un cadeau mon ami* ».

Le Jack en reste le bec cloué. Un épagneul Breton racé comme Indien vaut pourtant une belle somme avec un tel pedigree. Mais un cadeau n'a pas de prix. Merci. Un matin, Rapide a emmené Indien à son ami. Jack en était ému quand le chiot est arrivé au bar. Indien a fait le tour de la salle en reniflant dans les coins, apeuré et curieux aux pieds des clients présents ce jour-là.

Jack l'appelle. Les caresses sont l'amorce des liens qui peuvent construire une amitié délicate. Indien lui lèche la main. L'un caresse pendant que l'autre lèche. Le chien se plaît chez ce type qui lui paraît sympa. Leur relation amicale s'affirme et au fil des jours, d'avantage. Ils s'attachent l'un à l'autre. Le maître en deviendrait google devant son clebs. On se demande lequel des deux a la plus grande influence sur l'autre. Indien est aux petits soins quotidiens. Jack lui laisse sa liberté de rester chien malgré tout. Aller, venir, sortir, courir, pisser, boire à la fontaine, fuguer après une femelle et revenir systématiquement au bercail après joujou. Indien dort sur la descente de lit mais au petit matin, Jack se réveille avec son chien aux pieds, sur le lit le coquin. Il ne le sent pas monter durant son sommeil. Cependant, Indien est tous les matins sur ses pieds. Il s'est adapté à son chez lui le toutou. Il est chez lui et il le fait sentir au besoin. D'abord par les deux ou trois pipis au coin de la table. Quelques petites gouttes par ci par là, juste pour l'odeur et marquer son territoire ; puis par des aboiements à ceux qui ne lui conviennent pas.

« Whaou ! Whao ! Who ! C'est chez moi ici ! » qu'il jappe après ceux contre qui il a sûrement une dent. Mais il n'est pas répertorié dans la série chien de garde, il est chien de chasse, chien d'arrêt exactement. Il montre cette capacité à savoir protéger car il est dans sa maison et que son maître est juste derrière. Sans quoi il est plutôt docile et prudent. On ne peut pas dire trouillard parce que ce n'est pas un chien qui a peur.

Ce n'est pas la peur mais l'inconnu qui intrigue, qui conduit à redoubler de prudence. On a peur de ce que l'on ne connaît pas, on a peur du noir, de la nuit, des gens laids ou beaux, des gens pas comme les autres, qui sont d'une autre couleur par exemple, comme les noirs, les barbus bronzés. On est méfiant face aux autres langues comme la langue arabe ou yougoslave. Tous ces Roms et ceux qui viennent des pays de l'Est font quand même peur… Autant que les noirs. Tout ce qui est étranger à la routine. On est envahi par la peur que suscite tout ce qui ne nous est pas familier, tout ce qui est insolite, comme les extraterrestres. Quoique l'extraterrestre ne fait pas trop peur tant qu'on le cherche et qu'on ne l'a jamais vu. L'homme recherche la peur, mais la peur lui fait peur. On a peur de l'autre bien entendu et on fait peur aux autres.

Ainsi, la politique joue terriblement sur cette notion de peur, cette crainte qui entraîne le sujet vers des idées portées à des extrêmes d'où le sacré thème sécuritaire infaillible pour gagner des élections. Il faut jouer le rôle du grand protecteur pour être éligible en politique. Le citoyen moyen a besoin de se sentir protégé par son État, par son politique de base, par son président papa. Grâce à la médiatisation, il est possible de créer toute sorte de craintes pour les habitants du pays. Tout y passe ; la guerre, le terrorisme („terrorisme" psychiatrique aussi), les serial-killer, les automobilistes, les agresseurs de femmes et d'enfants, les manifestations inopinées, les migrants, les loups… Les médias sont là pour ça justement. Alimenter quotidiennement les angoisses des gens d'ici et d'ailleurs. Car l'information fait le tour du monde. Elle voyage durant des jours et des jours. La psychose est générale. Les plateaux TV organisent des débats à deux balles entre spécialistes de la langue de bois et du mensonge pour discuter autour d'une fourberie médiatique. Une tendance nouvelle universelle : les fakes-news, qui ne concernent actuellement que la politique car dans la réalité, les fakes-news sont permanentes. Une spécialité médiatique d'un mode d'emploi voué au conditionnement massif de la populace... La fake-new procède de conflits politiques d'où éclatent cette déloyauté écœurante dans le sein même des partis. Presque à vomir. Un peu comme des trahisons familiales. On attrape à la volée des éclaboussures d'hypothèses qu'ensuite les procureurs développent en shows télévisés. Des vrais feuilletons... A suivre. Mais pas un mot sur les tentatives de meurtres contre l'humanité par les rois de la finance et de l'empoisonnement.

Les crimes barbares ou passionnels sont exposés en chaîne, empaquetés dans des emballages transparents où il n'y a encore aucune preuve matérielle, mais on montre un bout de chemin que la victime aurait empruntée dans un sens ou dans l'autre, *« l'enquête le dira peut-être un jour »*, laisse espérer le commentateur. Ce morceau de tissu rouge, retrouvé pas loin des lieux du crime et qui fait la une de toutes les chaînes télévisées, aurait pu servir à étouffer cet oiseau mort retrouvé au bord du chemin, *« que vous voyez ici, sur nos images »* et que l'assassin présumé aurait préféré faire disparaître pour qu'il ne parle pas.

D'ailleurs, la lutte contre la maltraitance animale, c'est bien qu'on en parle. Comme de la lutte contre la maltraitance enfantine, ou féminine. Il y a une maltraitance des hommes aussi. La maltraitance des détenus qu'il convient d'occulter par mesure de sécurité. Quatre-vingt-dix-sept pour cent des prisonniers sont des hommes contre trois pour cent de femmes. Malgré l'égalité entre les hommes et les femmes il est plus facile pour un homme que pour une femme d'aller au ballon. On devrait dire qu'il y a plus de risques mais dans le milieu journalistique on dit plus de chance. Tu parles d'une chance dis donc... ! Ils sont forts ces journalos ! Personne ne s'interroge ? Dans cette égalité entre les hommes et les femmes, quel est le facteur prioritaire qui distingue une incarcération plus fréquente et facile pour l'homme que pour la femme ? Bizarre...

Le pronostique n'est pas falsifié. Elles sont plus fortes. On incarcère une femme sur plus de trente hommes. Une différence énorme, surtout qu'on sait qu'il y aurait plus de femmes que d'hommes sur terre et voire, deux fois plus selon des sondeurs. Peut-être à cause d'un vieillissement plus long chez les femmes. Mais là encore l'écart diminue fébrilement avec le temps, les causes sont multiples. La robotisation des technologies éradique la pénibilité du travail dans beaucoup de secteurs. Les hommes étaient plus costauds physiquement et accomplissaient des tâches plus laborieuses. Du coup, ils mourraient un peu plus tôt que les femmes.

Le travail évolue, les communautés sociétales avec. Les gens meurent moins, vieillissent mieux et par la seule magie d'une science impartiale, l'écart diminue peu à peu. Une égalité homme-femme sur la durée de vie est en marche...

La chanson disait « la femme est l'avenir de l'homme ». Mais ça, c'était avant. A l'heure actuelle, quand on regarde les associations pousser jusqu'au-delà du raisonnable leur doléances et revendications au nom de la femme, ce serait plutôt une guerre sans merci des femmes contre les hommes. Son rôle de femme ne lui plaît plus. Elle veut être femme et homme à la fois. Elle le revendique : « je suis un homme, je suis un homme, quoi de plus naturel en somme... ». A ne rien comprendre, ou alors elles deviennent misandres. Oui, on sait, un mot inconnu pratiquement qui n'est pas encore dans le langage courant. Définition du Père Larousse : misandre, qui éprouve de l'hostilité envers les hommes... Par opposition à misogyne : qui éprouve de l'hostilité envers les femmes. C'est hyper connu misogyne mais misandre ? Un mot qui va devenir à la mode. La femme devient l'ennemie de l'homme, version 2020.

Mais bon d'accord, il faut reconnaître que la Femme est quand même bougrement désavantagée. A cause de la Nature ou de Dieu, ça mon petit gars, on n'en sait rien. Seulement accroche-toi bien quand tu vas constater la chance des mecs en comparaison.

Les gros pépins débutent avec la menstruation dès un très jeune âge... Et, jusqu'à la retraite. Tous les mois, à vie !

Après, celles qui optent pour la contraception naturelle devront calculer les risques d'inquiétude car il faudra compter pile-poil, ne pas se tromper sur la période qui craint pour ne pas avoir des marmots tout le tour du ventre et jusque dans le dos... Et ça dure depuis des millénaires. Sinon, c'est la contraception artificielle, pilule chaque soir, sans rater la prise avant de s'endormir.

Puis, il faut traverser les périodes de grossesse ; neuf mois sans interruption la belle histoire, avec le gros ventre, à trimballer partout ce gosse qui s'en fiche totalement parce qu'il n'est pas pressé de découvrir la misère du monde. Ils en poussent des cris ces bébés tout neuf. Fille ou garçon, ça gesticule, griffe, hurle, grimace ! Je veux retourner d'où je viens, j'étais trop bien !

Et encore les fringues qui ne vont plus et la garde-robe qui déconne. A l'heure de l'accouchement, vas-y que je te tripote entre les jambes, entre les cuisses, que je t'écarte le vagin avec des pinces barbares comme dans les films de torture et d'épouvante, mais en vrai. Des fois même, il faut couper au cutter parce que le mioche est coincé. Puis les nuits blanches, avec les tétés à toutes heures pour ces petits innocents qui t'arrachent les nénés. Dès que ça commence à gambader, faut rester à son derrière pendant que les hanches enflent démesurément, s'élargissent à rendre dingue, vraiment. Et aussi, les seins qui tombent trop tôt les salauds, pour déformer ta physionomie de jeunette et te vieillir plus vite. Alors commencent les combats à la gym, au footing, au body-building, pour que ton mec ne court pas au cul de la voisine. Quand la ménopause les libère de ces contraintes indélébiles, il reste ces salopes de vergetures impossibles à gommer.

Si on y regarde de près, la nature ne leur a pas donné le meilleur rôle ou alors c'est Dieu, à cause du malin caché dans le serpent et du « vol » de la pomme. On peut mettre les guillemets, ce n'est pas tout à fait un vol ; aussi, c'est cher payé la désobéissance. Mais ce serait quand même abusé de la part d'un Être aussi bon. Ce doit être un don de la Nature, bichettes.

Enfin, doucement, en un petit siècle d'assaut pour les égalités, elles rattrapent les lacunes qui durent depuis des millénaires ; il faut le reconnaître, les pauvrettes.

En vérité, inutile d'embrouiller les rouages en voulant tout griller d'un seul coup. Les choses se font naturellement, grâce à l'éducation depuis que l'école est obligatoire. Tout se tient, n'ayez crainte mesdames. En évitant de brusquer les choses, l'évolution avance normalement par étapes mais il ne faut pas que certains mecs subissent par ricochet des sorts injustes. Avec la modernisation libertaire des individus des deux sexes, on rencontre parfois ceux qui se font rouler dans la farine par quelques-unes pas toujours sympas dans le couple. Alors, le type préfère la fermer et ne pas passer pour un faible devant les copains ou avoir honte d'une impuissance psychique. L'avocat du diable, c'est un sale boulot.

La vengeance d'Eve, faut bien la comprendre. Elle s'est tout pris dans les dents dès le commencement à cause du vilain qui lui a fait bouffer la couleuvre planquée dans la pomme interdite, que l'autre con bien sûr, a trouvé le moyen d'avaler de travers. Sinon, ni vu ni connu, et tout continuait sans conflit diabolisé.

Les hommes aussi en ont marre d'être trop homme. Ils se féminisent. Ils se font pousser la poitrine et dessiner les fesses au bodybuilding, s'arrachent les poils, veulent être enceint. Avec la collègue de bureau, ils vont ensemble à la salle de sport. Ils finissent par tellement se ressembler qu'on ne distingue plus l'homme de la femme. Même coupe de cheveux très court gelés-plaqués, même physique élancé(e), mince, affiné(e). Quasiment pareils les deux. Enfin, des trucs ordinaires qui sortent du naturel et sûrement tout à fait normal. Quand on observe la majorité, on voit que les égalités progressent par la seule volonté de l'humanité, des uns comme des autres. Ha, ces femmes ! Sans elles...

Pourtant elles ne semblent pas indifférentes à cette différence avec l'homme pour le peu de différence que l'on pourrait considérer à les différencier. L'unique différence est celle qui caractérise le sexe : mâle ou femelle ; comme une prise électrique : mâle ou femelle. Autrement, tout le reste a les mêmes fonctions ou presque, hormis les gros inconvénients recensés plus haut.

En général, d'après la vie quotidienne des individus entre femmes et hommes, on les voit plus souvent bras-dessus, bras-dessous. Il y en a même énormément, trop peut être selon les associations, qui réussissent à vivre ensemble et à faire des mômes. Certainement quelque chose qui les accroche l'un à l'autre, ensemble. Ils ne peuvent se passer les uns des autres. Mieux ! Elisabeth Badinter écrit « l'un est l'autre » qui est à lire évidemment. C'est donc bien, qu'Il et Elle, sont indissociables. Alors pas d'inquiétude exagérée. Même si ça ne marche pas toujours « super », ça tient souvent un coup sur deux pour la moitié d'une vie. C'est déjà pas mal, non ? Il faut rester optimiste.

Avant, c'était pour toute la vie. Le curé disait : « *à la vie à la mort* » et le contrat était validé, non renouvelable. A vie ! Alors, quand ils en avaient marre l'un de l'autre ou l'une et l'autre, l'un d'eux estourbissait le gêneur. C'était beaucoup plus fréquent qu'aujourd'hui, une fois sur deux environ. Comme le divorce systématique à mi-peine de nos jours. A l'époque de Thérèse Raquin, dans le premier roman d'Émile Zola, un chef d'œuvre dans lequel on découvre une machination morbide des amants qui s'ensor-cellent réciproquement. Ils devaient serrer les fesses les mecs une fois qu'ils avaient lu cette lugubre tragédie. Se retrouver noyé au fond de la Marne après une ballade en barque par un bel après-midi de printemps, un dimanche en plus, jour de repos et du seigneur, des vrais salauds ces assassins. Ils ne respectent plus rien les amants tra-giques. Les histoires de veuves noires ça fait peur quand même. Il faut remarquer qu'on en voit moins des veuves, surtout des veuves noires. Elles ne s'habillent plus en noir d'ailleurs les veuves. Trop voyant ! Elles se font plus discrètes aujourd'hui. Et puis il y en a moins, elles sont un peu mieux dissimulées. Obligées de se cacher à cause des assurances qui leur courent au derche pour récupérer leur pognon. Mais pas conne les daronnes, elles se remarient avec un futur défunt qui les rendra veuve à nouveau. Pas en noir cette fois, pour éviter le coup de la veuve noire en récidive. Trop risqué.

Quand on rentre au cœur du sujet, veuf noir ça n'existe pas. On n'a pas d'exemple...

Veuve noire, ce n'est pas serial-killeuse, rien à voir. Serial-killer, c'est barbare, salopard. Veuve noire c'est mystérieux. Une élégance incomparable qui séduit tous les regards, hommes et femmes. Pour les hommes, « *le Canooonn !* ». Pour les femmes « *la Veiiinardeee !* ».

En face, cette silhouette noire élancée comme un roseau, fragile à en rougir sous ses longs châles de crêpe, qui laisse imaginer l'idéal visage d'une Madone dont la pâleur du deuil éclaire la beauté qui se voile sous cette coiffe discrète. Trop belle, trop jeune. Trop belle pour être veuve, ou au contraire de l'être, afin que d'autres veinards puissent tenter la merveilleuse aventure de cette Vénus, vêtue d'un noir qui la déshabille, avant d'enfiler la panoplie de pauvre défunt mort trop tôt, si jeune, si tôt... Le pauvre ; on le savait bien sûr... Que ça devait arriver avec une salope pareille. Cette mante religieuse sans foi ni loi qui mange la tête et les bourses de son amant après le coït. La garce !

Dans la catégorie des veuvages, il reste encore la veuve joyeuse comme option. C'est la meilleure des options de fin de contrat. Simple, facile, rien à changer. Un contrat d'assurance avec costard en sapin séché, un trois ans d'âge. Ultra-rapide au feu pour la crémation et sans autres formalités que celle de lever l'ancre. Du tout prêt. Comment ? Ça se fait tout seul. Souvent par accident ou par maladie, arrêt cardiaque appelé autrefois „mort subite ou subitement", c'est kif-kif. Donc, beaucoup par maladie grâce aux nouveaux cancers lancés par les industriels des consommations pharmaceutiques, agricoles, alimentaires, toutes rendues obligatoires. Alors c'est qui le boss ? Enfin le veuvage rapide, tranquille, sans douleur et en couleur. Plus de noir, personne ne s'en aperçoit, ça glisse comme sur du velours.

Il existe évidemment d'autres facilités pour une nana de se libérer de ses chaînes. Plus souples, plus adroites, mais assez insidieuses...

Elle porte plainte contre son mari ; elle raconte qu'il l'a frappée et hop, ni vu ni connu, l'autre au trou. C'est plus rapide et plus simple que l'empoisonnement. Trop le bordel l'empoisonnement. Il faut demander de l'aide à son amant, qui bien sûr, ne saura pas tenir sa langue. Tandis que là, débarrassé la gonzesse, en deux coups de cuillères à pot ! Ce stratège n'est que du provisoire, juste en attendant... En attendant quoi ; on ne sait jamais.

Il y a encore d'autres situations, d'autres alternatives, d'autres cas, des cas par cas. Le mec qui se retrouve à la rue parce que sa femme le trompait, qu'elle l'a dépouillé, de la maison à la bagnole en passant par le compte bancaire, avant qu'il ne s'en aperçoive... trop tard ! Alors il ferme sa gourmande et s'en va traîner la misère sous les ponts de Paris. Il rejoint une association clandestine où de nombreux adhérents semblables à lui finissent de se démolir à coup de pinard bon marché. Pourrait faire un parti politique tellement ils sont nombreux. Et puis des fois, ça dérape. Le mec s'en est aperçu avant qu'il ne soit trop tard et il déglingue sa meuf. Là encore, il est trop tard pour revenir en arrière, le mal est fait, il est veuf, elle est morte ; ou à contrario, tout le processus inverse.

On a le cas des couples qui se disputent souvent, en viennent aux mains, tous les deux. Et ça cogne dur parce que la nana est plus forte. Elle a fait de la boxe et des altères. Alors le mec part la queue basse, comme un chien battu et ils se retrouvent un mois plus tard en discothèque avec leurs amant et maîtresse respectifs, pour une bonne bringue entre amis. Situations des plus courantes, Dieu merci.

Dans les meetings de rue, c'est le remake de NTM, Nique Ton Mec.

Soixante pour cent des femmes sont battues, a dit l'association. Plus de la moitié des femmes ? Purée c'est énorme ! Ça ne se voit pas. Vachement bien cachés les bastons. Comme il y a environ deux femmes pour un homme, on laisserait entendre que tous les hommes se tapent au moins une nana par jour ; pardon, cabossent au moins une femme par jour. Ça fait presque le compte. Les quelques autres restent et ne tapent pas une femme, sont en majorité les homos qui dérouillent leur mec, ou leur meuf. Là c'est à tour de rôle. Chacun son tour pour rester dans l'égalité des sexes (NTM). Dans les statistiques des femmes battues, l'association ne mentionne jamais s'il y a les couples homos dans le lot. Bon, mais il ne faut pas frapper une femme, ni personne d'ailleurs, même avec les mots. Ce n'est plus une question de sexe mais plutôt de respect entre les uns et les autres. Les conflits entre eux deux émanent toujours de passions amoureuses incomprises et toujours malheureusement destructives.

Jésus a dit « *Aime tes ennemis comme toi même* ».
Jésus, on devrait l'appeler „Lamour". Lamour a dit la vérité.
Lamour est éternel.

C'est carrément la guerre entre les hommes et les femmes. Heureusement encore qu'ils arrivent à bosser ensemble. Enfin presque, parce qu'avec les harcèlements ça fait des bagarres. Alors il faut faire des lois avec prison au bout du compte, parce qu'une loi sans prison n'est pas une loi. Donc, à chaque gouvernement, c'est à dire très souvent, tous les deux ans au moins, si possible, pour que chaque élu puisse présenter sa propre loi, c'est pour ça qu'il s'est fait élire d'ailleurs, il défend les nouvelles mesures pénales qu'il faudra combler ensuite avec des délits ou des crimes... Sinon ça ne sert à rien. On n'abroge pas l'ancienne loi car c'en est une d'un copain collégial ; et si on la lui efface, il ne sera plus dans le livre.

Pas si dur d'être un bon quand on veut.

Une étude a démontré qu'il y avait un employé sur trois qui aurait eu une relation coquine avec, une ou un collègue de boulot, hommes et femmes confondus.

Et aussi, qu'il y aurait trente pour cent de femmes qui aime se pavaner dans un jeu de séduction avec ses collègues de travail. Vu à la télé dans une émission plateau où l'on recherche le scoop qui donne du terrain aux invités pour s'exprimer ; mais là, il n'y avait pas d'association. Elles ont peut-être décliné l'invitation pour ne pas entrer dans les salades fabulatrices des adversaires. Les femmes de l'émission se pliaient de rire de cette performance féminine.

« *Trente pour cent* ?! qu'elles s'insurgeaient. *Que ça ?* »

Apparemment, il y en a beaucoup qui se les branlent au boulot. A savoir si c'est universel ?

Les mecs, ils sont cons, parce que si j'étais un mec, quand une gonzesse m'allumerait tous les jours, au taf ou quelque part, je porterai plainte pour harcèlement et tentative de corruption.

Il y a quand même bien des allumeuses qui jouent avec le feu, sans songer qu'une allumette mal grattée peut créer de graves incendies.

Chez nous, ça n'existe pas les trucs d'hommes et de femmes, les trucs d'humains plein d'amalgames sans réserve sur des choses naturelles. Pour nous, un nom et un carnet de santé identitaire suffisent. Certains ont des pedigrees à rallonges, comme moi par exemple, mais la lignée entre nous n'a aucune importance dans une vie de chien. Ce sont nos maîtres qui font des classements avec des races. Comme si on avait besoin de ça. On les reconnaît, on ne va pas changer de maître tout seul. Parfois même, ils nous vendent comme des esclaves ; et sur internet pour se débarrasser plus vite.

Il peut arriver que l'on soit obligé de changer de maître suite à une cause de vagabondage. Mais ce n'est pas un choix d'être orphelin tout de même, il faudrait arrêter le délire. Nous ne sommes pas la cause vagabonde des chiens errants. Le vagabond devient errant suite à l'abandon. Le délit, c'est bien l'homme qui le crée en abandonnant son chien. Et ils ont le culot de nous pourchasser pour trouble public et de nous jeter en fourrière ! En taule, si tu préfères.

Tu parles s'ils connaissent la taule. Ils ne vont pas pondre une loi sans qu'il n'y ait un séjour en prison à la clé ! Ils se persuadent que sans leurs ratières, le monde ne serait plus protégé, le mal ne pourrait être combattu. Ils n'ont que ça comme ressource de pénalité dans la tête : la prison.

Tiens un exemple, prenons n'importe quel chien. Tu lui demandes de choisir entre le jardin sans abri ou la superbe niche, en bois de chez Merlin, oui l'enchanteur... Crois-tu en trouver un qui va opter pour la niche ? Pourtant, on trouve tout le confort pour toutous chez Merlin. Chaînes chromées, colliers à clous dorés et à étranglement, souvent les deux fonctions en une ; laisses télescopiques, comme si on était des grues... Nickel chrome comme ils disent.

Ils vendent aussi des boîtiers électroniques pour te déconnecter du globe terrestre en moins d'une seconde. Chllackkk ! Je ne sais pas combien de volts on t'envoie dans la gueule. La décharge électrique monte par le cou, par les reins, partout ! La première fois qu'on m'a boosté, jamais je n'ai sauté aussi haut. J'ai cru rester en l'air. Cette décharge les enfoirés (je suis poli) ... Purée !

Au salaud qui a appuyé sur le bouton rouge du boîtier, on devrait lui faire la même chose. Ce genre de traitement c'est de la torture. Ils font même des tests d'intensité. Un peu plus fort ; merde trop fort. Un tout petit peu moins alors pour voir. Une soumission obligatoire à l'obéissance par signaux électrochoc.

Non mais tu as vu ça ? Ce n'est pas des tarés ?! Comme le fouet dans les zoos, ils croient que ça fait obéir, que ça dresse ! Ils n ,ont pas un coup de pelle ces mecs-là ? Dans les prisons pour „humains", humain entre guillemets, ils ont même des cages dans la cage. Le mitard qu'ils l'appellent... A savoir jusqu'où on peut t'enfermer avec ce système de cages dans les cages comme les poupées russes qu'on emboîte les unes dans les autres...

Ouais, il leur reste du boulot aux pauvres gens avant qu'ils ne deviennent vraiment des Hommes !

« Tu as vu comme il obéit bien !! ha ha ha !
Mais ça doit lui faire mal, qui répond mon Jack.
Mais non ! ça ne lui fait rien. Ce n'est qu'un chien, ça le dresse... »

Salopard va. Une décharge pareille. Comme si je n'allais pas venir tout seul quand il m'appelle. Je reviens bien, non ? Peut-être pas à l'heure qu'il désire mais moi, je n'ai pas de montre. Et en plus j'ai tout mon temps. Alors va comprendre après quoi ils courent ces abrutis. Pour aller où ?

Sur le plan affectif, nous sommes les plus proches amis de l'homme connus à ce jour. Fidèle, docile, affectueux, protecteur, mais nous n'avons plus de défense. Il y a bien des millénaires que nous vivons ensemble avec les humains et que nous avons perdu l'habitude d'accéder à la nourriture seul, tout comme nos amis les chats. On n'est pas de la même race, mais on s'efforce à vivre en paix. Sur le plan général, ça ne pose pas de problème.

Les hommes ont fait des classifications entre nous, dans les espèces animales.

Ensuite, ils ont encore fait des classifications dans les espèces, à l'intérieure de l'espèce. Les épagneuls, les bergers belges, les chi-wa-waou, les bergers allemands... Tu en veux des races ? Même entre eux ils ont fait des classifications de race. Le pays ne suffit plus comme appellation, il faut rajouter la couleur. Les noirs, les jaunes, les blancs, les arabes (?). Comme si une couleur faisait une différence dans l'espèce. Il y a du mal hein ! Pour réparer tout ça… Pourquoi faire simple quand on peut faire compliqué ?

Pour les chiens, nous sommes très nombreux en race mais tous ne savent pas chasser. Il faut être chien de chasse pour la chasse sinon pour nous, on est tous chiens. On est très proche de l'homme. On a le même mode de vie, on ne bouffe pas les autres animaux tout crus, comme ça. On ne mange pas d'herbe non plus. Aussi nous avons bien besoin de nos amis les femmes, les hommes, les enfants, surtout les enfants, qui eux, comprennent beaucoup mieux que les adultes.

On nous dit cousins proches du loup, mais c'est un vieil adage comme celui entre l'homme et le singe. Ils se ressemblent énormément, mais seulement cousins éloignés. Miss monde serait une petite cousine du singe mais de loin ; de vraiment très loin même. Comme le chiwawa avec le loup, cousins de très, très, loin, et voire encore plus loin. C'est pour cette raison qu'ils ont inventé des races ; un classement racial. Chiens, chats, loups, tigres… Noirs, jaunes, peaux rouges ; pas les blancs, les blancs ont des noms de pays, Français, Italiens, Belges.

Chez les américains il y a les blancs ou les noirs américains : afro américains, latino-américains, noir américains… En Europe, non. Tu es français, anglais, suisse si tu veux mais pas noir européen. Sois-tu es un black, sois-tu es un européen. Européen noir ça n'existe pas encore…

Tout ce qui vient de l'Afrique c'est les blacks, les noirs si tu préfères. Par exemple le Zimbabwe, tu ne connais pas ? Hé ben ouais, c'est des blacks là-bas, tout simplement. Rien qu'au nom, ça s'entend. Ça ressemble d'ailleurs au langage des quartiers, le wè wé wé. Ouais, un langage dans lequel les jeunes s'interpellent ou terminent leurs phrases par wèwéwé. Très en vogue mais sans définition ; ça ne veut rien dire. Enfin si, ça veut dire wèwéwé.

Nous, notre tempérament est l'opposé de celui du loup, on ne sait pas vivre tout seul comme le loup solitaire. C'est un statut „loup solitaire". Il paraît qu'il y en aurait chez les hommes des loups solitaires. En général, c'est des marginaux, comme les loups. Juste bons à abattre tellement ils seraient dangereux...

Alors ?

C'est juste ou ce n'est pas juste ? Hein ?

C'est juste ou ce n'est pas juste ? Quoi, quoi !

...

De nous accuser de vagabondage et de nous incarcérer dans des cages, comme les poules. Et pourtant, ça gueule les associations contre l'enfermement des poules. Ils les enferment dans des cages grillagées à plusieurs dedans, comme des taulards.

Dur de se faire entendre par l'homme. Nous les chiens, on interprète leur langage dans n'importe quelle langue mais ce n'est pas réciproque. Ils ne comprennent pas encore bien le nôtre, nos amis les hommes ; mais nous si ! On enregistre tout ce qu'ils racontent. Ben ouais à force.

Tiens, comme ils disent, il ne nous manque que la parole. C'est parce qu'ils ont des difficultés avec notre langue pourtant plus facile que la leur. Il suffirait qu'ils apprennent l'aboiement, ce serait moins compliqué. Pourquoi faire simple quand on peut faire compliqué encore une fois. Leur intelligence les oblige toujours à rechercher des complexités. Rien de naturel. Ils ont quand même bien vu qu'il y a moins de vocabulaire dans notre langage et qu'il serait plus facile pour eux de parler le chien. Nous avons beaucoup plus de races qu'eux mais nous n'avons qu'un seul langage.

Dieu a puni l'homme quand il a détruit la tour de Babel pour confondre le langage des hommes afin qu'ils ne puissent se parler entre eux...

Je dois avouer qu'avec mon Jack, on arrive à bavarder tous les deux. Il est le seul que je connaisse capable de converser avec moi. Des fois, on le fait au bar tous les deux pour amuser ses copains et ses clients. On entame une conversation. Là, ils sont sur le cul les autres, pliés de rire ; mdr ils écrivent sur leurs sms. Je le sais, j'en ai vu.

Et pourtant, Dieu seul sait comme ils sont intelligents, les hommes, puisqu'IL les a faits à son image. En observant minutieusement les efforts, on remarque une évolution tangible envers toutes les espèces, même auprès de la faune sauvage tellement sollicitée par les caméras dans les séries animalières, mais avant d'atteindre une véritable communication, il reste du boulot. Pour nous les chiens ça va, on est presque partie intégrante de la société, avec les miaous. On a même des papiers d'identité, tu vois un peu. Ce n'est pas le cas de tout le monde. L'homme va devoir utiliser ses miracles et sa détermination scientifique pour sauver son monde.

Au fait, on en était au choix de la niche ou du jardin. Ça existe chez vous aussi des choix à faire...?

On a un grand jardin avec clôtures extensibles autour de la maison. Extensible veut dire ici, accessible facilement ; pas de hauts murs, ni grillages, ni barbelés. Libre d'entrée et de sortie comme on veut ; le plus merveilleux de tous les mots, le compagnon d'Amour, existant dans tous les langages du monde entier : Liberté ; Liberta, Liberty, t'as vu ? Un seul mot pour tous. Universel.

Tu arrives chez nous par un petit chemin qui prolonge la route, en bas du village. En somme une voie sans issue, à l'issue du pâté de maisons où elles se dispersent à mesure qu'on s'éloigne de l'église. Nous sommes la dernière habitation du faubourg, tout en bas, là où personne ne va à part le facteur. Et encore, quand il descend chez le Meunier, un peu plus bas vers le moulin au bord du ruisseau.

Nous, c'est la toute dernière bicoque accrochée de justesse aux baraques éparpillées au-dessus, sur le versant qui plonge vers la forêt. Un bois où j'aime bien aller me balader, courir après un lapin, débusquer un faisan que je regarde s'envoler. C'est beau un faisan qui prend son vol ; après, il pique comme un planeur, sans un bruit, en laissant flamboyer ses couleurs argentées entre les ombres des arbres et les rayons du soleil. Magnifique ! Je m'amuse bien. Je gambade partout, ça sent bon la mousse, les parfums des hautes herbes séchées qui ont échappées à la coupe des foins pour la moisson. Des cocktails d'herbes et de fleurs sauvages qui m'emplissent les narines. Des fois ça me stone ! Je suis tout bien dans ma tête, j'ai la sensation d'être léger comme une plume, de voguer au milieu des arbres, de ne plus toucher le sol. C'est le top. Les violettes dans les bois... Purée cette odeur, un parfum venu d'ailleurs...

Malheureusement, il y en a moins cette année.

Je ne connais pas avant car je suis trop jeune, mais les anciens de la forêt disent que les violettes jonchaient le sol autrefois, que leur parfum sortait jusqu'en deçà de l'orée du bois, en dehors de la forêt. D'accord, les vieux, ça en rajoute parfois un peu trop mais c'est pour mieux exprimer ce que c'était à leur époque. La nostalgie. Dommage que ça disparaisse ainsi, les violettes et la nostalgie. La nostalgie, c'est comme une liberté qui s'enfuie. Un peu comme un deuil, le sentiment de perdre quelque chose d'important qu'on aimait bien. Ce sont les hommes qui pourrissent tout, raconte le vieux chêne de la forêt. Lui, il sait tout. Il dit aussi que c'est l'homme qui dénature son humanité parce qu'il a oublié d'où il vient. Il croît savoir où il va, mais il se goure complètement, il n'a aucun flair...

Quand je file aux bois, la vie est belle. Je galope, je cours comme un dingue, je respire des plantes aux parfums sublimes, je me roule dans la mousse fraîche, je bois l'eau du ruisseau, d'une pureté mon poto, un de ces millésime ! Whaoouou ! Le pied. Liberté, égalité et la fraternité dans les bois. C'est la devise de la nature. On partage tout, entre les arbres, les animaux, les plantes, les fleurs, la météo. Il y a tout ce qu'il faut pour chacun. Tout le monde s'aide, s'offre, échange comme dans la légende de Robin des Bois.

Ha oui, je te disais. Jack me mène chez Merlin acheter ma niche dernier cri. Moi, j'attends dans la bagnole, je n'ai pas le droit de rentrer dans le magasin enchanté. Tu parles de ces cons, ils se prennent pour qui ? Sûrement pour qu'on ne voit pas les ustensiles barbares qu'ils vendent contre les animaux, de peur qu'un de nous se plaigne à la SPA

(Société Protectrice des Animaux). Ceux-là c'est un peu comme l'OIP (Observatoire International des Prisons). Ils sont plein de bonnes volontés, mais leurs discours sont comme des pets en l'air ; ça lâche une mauvaise odeur sur le moment, pour prévenir des dégâts potentiels, et puis ça s'évapore aussitôt face à la puissance démocratique qui cautionne les décisions arbitraires des chefs de cabinet qui décident de tout, puisqu'ils ont été élus.

Donc la niche : toiture rouge écarlate comme les tuiles d'une villa, panneaux marrons imitation bois brut avec veinures, entrée voûtée en moulures biseautées, petite lucarne découpée vers le haut qu'un plexiglas bleuté ferme pour tamiser une tendre lumière feutrée. Le sol est moquetté d'un épais tapis beige. Super belle niche. La grande classe.

Jack l'a installée dans le jardin.

« Il sera bien ici Indien, qu'il lance à la Mie en plantant un long pic dans le sol ».

Il a calculé l'emplacement de la niche rutilante, pas loin du pommier pour que l'ombre y séjourne l'après-midi, au moment des grosses chaleurs. Elle, Mimi, toujours OK sur ce qu'il fait. C'est toujours bien... Après tout, pourquoi pas. Un pommier, c'est dans leurs cordes.

« Ha oui parfait ; Il va être bien mon Indien dans sa jolie niche » qu'elle ajoute en me câlinant.

Rien à redire, très belle la maisonnette. Il a mis des dalles tout autour avec une surprise. La surprise du chef. Une grande chaîne qui va jusqu'au pommier. Il m'appelle. Moi je ne bouge pas, je reste dans les jupes de Mimi, il sent pas bon son plan. Je ne sais pas ce qu'ils magouillent tous les deux, mais je préfère rester entre les cuisses de la Mi. Il y a un truc qui se prépare. Je ne sais trop quoi, bien que je m'en doute un peu, mais je n'y vois pas d'un bon œil leur histoire. J'ai assez vite récapitulé leur petit manège.

« *Allez viens vite mon Indien* », qu'il me lance d'un ton tout mielleux mon Jack.

Viens vite mon Indien. Purée ce ton, tout gentil, avec un petit air chantant, comme une mélodie pour bercer les enfants. Il cherche à m'endormir avec sa chanson „*viens vite mon Indien*". Il va me la faire à l'envers, à la Cah-üzac comme y disent au quartier !

« *Va te faire voir* » je me dis au fond de moi et je me colle au plus profond des cuisses de la Mi. Mais penses-tu ! Il vient me chercher, me tire par le collier. Moi je traîne les savates, les quatre pattes tendues, les ongles sortis au maximum pour freiner son tractage ; et puis je rampe parce que ça tire et il commence à me faire mal. Il m'attache à la chaîne.

Quelle idée il leur est passé par la tronche à ces deux-là. Même pas elle me défend, la Mimi, la si gentille Mimi. Ils m'ont enchaîné les salauds, comme un taulard. Ils veulent maintenant que je rentre dans la boite. M'enfermer là-dedans, non mais ça va bien la tête ?! Ils sont devenus fadas !

Ils insistent, moi aussi. Je ne rentrerai pas là-dedans ! Ils ne vont pas y rentrer avec moi de force, tout de même. Je me couche devant, sur la terrasse. J'écoute leur conversation de naze. Soi-disant qu'ils ont peur que je prenne un coup de bagnole. Mais il n'y en a pas de voiture ici, on est en pleine cambrousse. Comme si je ne savais pas traverser la route. Ils me prennent pour un bébête ces deux-là ! Et puis aussi, ils ont peur qu'on me vole. Comme si j'allais suivre n'importe quel pingouin du coin ou grimper dans la carriole du premier guignole qui passe. Je n'allais pas loin pourtant, je ne sortais jamais de la commune et même pas à sa frontière. De temps en temps, je bouge vers une copine ou bien on se réunit à deux ou trois et on va se balader ; ou alors on fait une petite partouze si la copine a envie, quand elle chauffe. Eux ils disent, en chaleur, le Jack et la Mi.

« Indien, il court après toutes les chiennes en chaleur » qu'ils chantent au bar, tout fier.

Comme s'ils avaient besoin de le raconter à tout le monde ? Parfois même à des inconnus de passage.

...

Je n'ai jamais fait de mal à personne. Je pouvais faire mes besoins dans le jardin, où je veux, comme je veux, sans que personne me regarde. J'enterrai mes merdes au pied d'un arbre, bien propre, pas de pollution. En même temps j'engraissais le pied de l'arbre qui me remerciait pour cette énergie nouvelle que je lui offre en bonne conscience écologique.

He ben, ça ne se faisait pas !

Il faut réglementer, attacher, torturer le psychisme. Maintenant, il y a des crottes tout autour de ma baraque et je passe mes journées dans la merde. Ben ouais ; il a fait une terrasse avec des dalles sur le pourtour de la niche. Je ne risque pas de gratter les dalles. Il a rallongé la chaîne jusqu'au pommier, pour que je puisse faire pipi-caca dans un petit morceau d'herbe où j'arrive difficilement à bout de chaîne... Je n'en ai rien à foutre ; je n'enterre pas et je chie sur la terrasse. Il n'a qu'à se démerder et c'est bien le cas de le dire. Il est bien obligé de toute manière, s'il ne veut pas que ça devienne un chiotte son jardin ! Allez mon coco, la petite pelle, la petite balayette, le petit seau-seau. Et après c'est lui qui enterre dans le jardin. Hein mon lapin !

Il n'a même pas compris pourquoi je ne rentrais jamais dans sa niche ; parce que c'est la sienne de niche, ce n'est pas la mienne. Qu'il ne se méprenne pas. C'est lui qui l'a achetée, donc elle est à lui.

Je n'y ai jamais posé les pattes dans la niche. La nuit, je dors dans la maison, avec eux.

Au début je jouais l'idiot, celui qui ne comprend rien. Alors je restais assis devant la niche toute la journée. Purée la patience que j'avais quand j'y repense. J'imitais celui qui monte la garde devant sa boutique mais sans grande conviction. J'ai surtout vu comment ils font les collègues qui sont chiens de garde.

Ils s'assoient devant leur niche et ils ne bougent plus. Dès qu'une tête inconnue déboule et même si elle passe au loin, derrière sa clôture, l'autre il alerte. Des gros whaou, bien fort, bien gras. Des whaou gras comme des chiens de garde. Attention chien méchant, des fois c'est au pluriel pour faire encore bien plus peur. Ils choisissent des chiens très gros pour faire ce boulot en général car il y a des sélections.

Moi, je n'ai fait que de la figuration puisqu'il n'y a personne chez nous, on est en pleine campagne.

Et puis ça m'a gonflé leur connerie, alors je me suis barré. Plusieurs fois, jusqu'à ce qu'ils comprennent ces deux nazes. Trois fois je me suis tiré. Tu sais comment je fais ? Je tire à fond sur la chaîne pour qu'elle soit tendue à l'extrême, ça tire aussi sur le collier de façon à ce qu'il s'écarte un peu. Ensuite, je me tortille dans tous les sens mais en appliquant une technique bien étudiée. Le derrière d'un côté et la tête dans l'autre sens. Quand la tête tire à gauche, le cul tourne vers la droite. Il faut y aller, ne pas avoir peur de forcer, de tirer et de remuer cul-tête à contre sens… Et hop ça lâche, la tête elle passe. Taïaut ! Il ne reste plus que le collier au bout de la chaîne. Plus d'Indien !

La première fois, je me suis barré une demi-journée. Ils ont tourné dans tout le village pour savoir si on m'avait vu.

« T'as pas vu mon chien ? »

J'étais planqué. J'envoyais Lessie, ma copine, prendre des nouvelles au bar. Je suis revenu un peu après l'apéro, en plein service, pour qu'ils ne gueulent pas devant les clients. Je les connais, ils ont horreur du scandale… Alors ils vont l'écraser, se tenir bien sage, tout gentil !

…

Et l'après-midi, ils m'ont rattaché jusqu'au soir.

„*Tu me rattaches ? Hé bien d'ac .*"

La deuxième fois, je suis parti du matin jusqu'au soir ; fin d' après-midi, un peu avant la fermeture. On s'est planqué avec Lessie, dans sa niche. Elle n'est pas loin de la route et on voit tout de chez elle, juste au-dessus du cimetière. Des coins moins fréquentés vers le cimetière…

Après, Lessie est allée faire une virée au bar, pour connaître l'ambiance. C'est elle qui part espionner quand je fugue parce que, tellement ils sont bêtes, quand ils voient Lessie, ils ne vont jamais imaginer que je suis chez elle, dans sa niche. Ils lui demandent même comment ça se fait que je ne suis pas avec elle. Lessie, c'est une petite bourge, elle est libre. Tout le village la connaît, la reçoit, la caresse… Et elle est maline. Elle fait celle qui ne comprend rien et après elle me raconte. On se marre. Elle a son studio-niche mais pas de chaîne. L'après-midi, on les a même vus passer plusieurs fois en voiture, le Jack et la Mi. Un coup l'un, un coup l'autre, des fois tous les deux. Ils ont viré dans toute la commune, retourné tous les chemins et routes municipales. Un souci mon pauvre qu'ils se sont faits, un souci !

« T'as pas vu mon chien, t'as pas vu Indien ? »

Retour à la chaîne.

La troisième fois, là... J'ai découché, carrément. Un jour et une nuit dehors. Gambade de tous les côtés. J'ai un abri, le studio chez Lessie. J'ai passé la nuit avec elle.

Et au petit matin, tu aurais vu la gueule de mon Jack. Il devait croire que j'étais dans la niche. Même pas en rêve ! J'ai rappliqué au lever du jour, quand il sort prendre l'air dans le jardin. Le constat du réveil : la niche vide, la chaîne et le collier vides aussi. Tout vide à l'horizon. Rien !

Les autres matins, je sors le premier de la maisonnette, j'y suis déjà dans le jardin quand il me montre son crâne rasé, mais ce matin-là, le désert comme sa tête.

Soudain j'ai déboulé au galop, à donfe... En me voyant arriver en courant, taïaut ho taïaut ho taïaut, la tête bien haute, la langue pendue sur le côté qui témoigne d'immenses efforts déployés, les oreilles au vent, l'air de celui qui en a bavé pendant deux jours pour retrouver son logis avec papa-maman et la tribu chats. Il en a la larme à l'œil mon Jack. Purée la fête qu'il me fait.

« Mon Indien, mon Indien ! Mais d'où tu viens ? On t'a cherché partout. Et il hurle : *Mimi, Mimi ! Il est là ! Il est revenu !* ». Une série d'exclamations points compris !!! Le Messie...

On peut mettre des majuscules sur IL, c'est à dire moi. Je suis son dieu ce matin. Des câlins à tour de bras. Mimi sort de la maison comme un polichinelle et s'affiche sur le pas de la porte, dans son peignoir saumon qu'elle tient fermé de sa main gauche au-dessus des genoux car elle n'a pas pris le temps de serrer la ceinture, coiffée par on ne sait quel ventilateur, les pinceaux dans ses babouches bleues. Une fête mon vieux qu'ils me font ces deux-là !!

Tu parles si j'en rajoute au film que je viens de leur jouer depuis hier. Je me marre au fond de moi de les voir faire. En même temps, je sais que je leur ai fait faire un souci monstrueux mais bon, „y'a pas mort d'homme hein".

Aux grands maux les grands remèdes. Ça leur fait les pieds un peu. Il a récupéré le collier au bout de la chaîne, me l'a remis à mon cou bien gentiment, pas trop serré. Un cran de moins même.

Il ne m'a plus jamais attaché. Il a capté. Remarque, il lui fallait ça à mon Jack parce que d'après ce que je sais, il connaît la musique lui aussi, les cavales, la taule, enfin le chenil si tu préfères, c'est bien les deux pareils.

* * *

Elle est bonne l'eau de la fontaine. J'adore m'y baigner, ça me donne un de ces coups de fouet. Fraîche à point. Elle descend d'une source des Monts du Velay pour couler en ruisseau, puis devient un léger torrent qui glisse en braillant sous le moulin du meunier, avant de se jeter enragée dans le Lignon. Ensuite, la rivière plonge dans la Loire, tout en bas en allant vers la vallée. C'est chouette chez nous.

Il est arrivé que l'on soit obligé d'aller à la ville avec mon Jack pour faire des courses mais alors, exceptionnellement.

En ville, quelle horreur !

Comment peuvent-ils vivre dans une cacophonie pareille ? Tout ce bruit, ces bagnoles partout, ces immeubles immenses. Ça court de tous les côtés, ça grouille de gens, ça pue le pétrole, le goudron, le béton et même des odeurs que nous, chiens, on ne détecte pas. Inconnue à l'odorat. Un mélange d'égout et de rats crevés, de bitume chaud, comme une sorte de gaz pollué dans un peu d'air sans oxygène, irrespirable en comparé à celui de Raucoules. Pour sûr que c'est totalement malsain. Ils sont tous pressés, mais ils vont où à cette allure ? Ils courent pour aller où ? Pour vivre plus vite ? Peut-être croient-ils qu'en allant vite on vit un peu plus ou alors plus longtemps. Enfin je n'en sais rien, mais ça ne peut pas faire vivre plus longtemps. A moins qu'ils croient qu'en faisant plein de choses dans une journée tu as plus vécu. Ils n'ont rien le temps d'apprécier alors. Vivre le plus vite possible, pour accumuler un maximum de choses matérielles, le plus rapidement, au risque peut-être d'en négliger son centre d'intérêt spirituel, philosophique, humaniste. Ils sont devenus automates, des machines, des robots, des individus philosophiquement détraqués, qui suivent comme un mouton de Panurge l'information toxique et la pensée de l'autre, de celui qui manipule, qui dirige, anesthésie, pour mieux calibrer cet outil, l'Homme... Tous identiques. Pressé pour faire du fric ? Et pour en faire quoi ? Fabriquer des armes pour faire la guerre ? Fiers de la guéguerre et de ses morts que l'on médaille à titre posthume. Tu parles que ça lui en fait une, de belle jambe, au soldat mort pour sa patrie et pour le comble, inconnu parfois. Ce n'est pas celui qui dirige la cérémonie qui s'expose aux combats et risque sa vie pour la patrie. Lui, il n'est là que pour applaudir, placarder des médailles sur les revers de vestes, faire des discours comme les hypocrites pour ceux qui ont donné leur vie au pays, alors qu'il s'en tape comme de l'an quarante. Il n'était pas né pendant la guerre de quarante. Pas certain qu'il serait du même avis, le mec qui s'est pris une balle dans le front tout en lisant la lettre de sa destinée ; à un autre dorénavant.

Ils peuvent être fiers ouais. Tellement fiers que ça organise des défilés partout, plusieurs fois dans l'année pour montrer leurs soldats, leurs chars, leurs avions de chasse exterminator. De grands défilés qui coûtent un pognon de dingue !! Plutôt que de construire des dispositifs qui dispatchent l'eau sur la planète entière. Faire des puits d'exploitation d'eau gratuite à toutes les populations vivantes, partout sans exception. L'homme sait faire puisqu'aujourd'hui il sait tout faire ; pourquoi court-il après le temps, alors qu'il a tout son temps devant lui.

Régler les problèmes d'eau existants partout dans le monde et des pollutions contagieuses tous azimuts. La mer, les fleuves, les rivières et bientôt les sources. Le glyphosate[1] et autres pesticides qui inondent la terre ont commencé leur catastrophe destructive. Les industriels inconscients, excentriques du capitalisme, jettent leurs poisons qui s'infiltrent inéluctablement dans les sources. Si ces insecticides tuent les insectes par petite dose, comment ne vont-ils pas tuer l'humanité avec les milliers de tonnes déversées chaque jour à travers toute la terre. L'homme ne fait-il pas partie intégrante de l'environnement ? L'eau est un élément indispensable à la pérennité de notre monde. C'est donc à la source que ces criminels déposent leur poison. Ils s'enrichissent personnellement sans le moindre état d'âme pour la vie de ce monde et de celui à venir en toute impunité. Les bacilles ont déjà atteint les coraux des mers à ce jour.

Les insectes procèdent au renouvellement des végétations naturelles. Sans insectes, pas de nature, sans la nature, pas de vie.

L'homme, en voulant maîtriser la nature, la détruit. Il croit la contourner, la refaire à sa manière, la neutraliser, mais dans sa précipitation perpétuelle d'emmagasiner des profits colossaux, il détériore son espace et ne cesse de polluer, d'empoisonner. La véritable inquiétude des sociétés actuelles ne doit pas être cette réduction à un principe de réglementations exponentielles de l'existence, mais de se saisir d'un interdit absolu contre toute industrie d'élaboration commerciale sur l'utilisation des produits à risque pour les espèces vivantes.

Exploiter des saloperies dont les compositions nocives représentent un danger immédiat ou ultérieur est un crime. Dans le cadre judiciaire c'est de l'empoisonnement. Ne doit-on pas au préalable, observer si l'homme a besoin de cette merde, nécessairement dans la perspective d'un avenir sans conséquences ? Le passé de notre nature démontre que tout simplement par elle nous sommes là. Cette maturité laisse peu de place à l'interrogation...

La nature est la mère de tous, de toutes espèces et choses de ce monde. Tout vit. Les enfants des métropoles ne pourront jamais sauver la biodiversité sans en connaître les origines. Connaître la nature est l'élément essentiel de l'homme car quoi qu'il puisse accomplir, la nature aura toujours cette longueur d'avance sur sa création. Elle est un perpétuel changement, un mouvement incessant, vivante par cette grâce divine. Dommage de foncer la tête première dans le béton comme un gros con à monter des ponts qui s'effondrent. D'autres civilisations ont essayé avant celle-ci et rien ne tient aussi durablement bien que l'espace pastoral, agricole, rural. Le berger fait paître ses brebis depuis des millénaires. Il les conduit par Monts et par Vaux jusqu'à aujourd'hui encore. Aucune fibre ne peut remplacer la laine que livre les brebis pour vêtir le monde depuis l'éternité. Un monde sans « le loup et l'agneau », changerait toute l'histoire de notre humanité depuis la Genèse en passant par Jean de La Fontaine et ses fables moralistes. Un monde sans nature n'est pas celui de l'Homme ni de l'humanité. Il tient de l'au-delà pour aller nulle part.

Tout ce que l'homme envisagera ailleurs que sur sa terre pour penser son espace vivable sera son premier pas de déshumanisation. Une étape de trop dans son auto-robotisation. Ses désirs utopiques d'extraterrestre pour bandes dessinées projetteront son destin dans le cosmos de sa propre extinction. En voulant dépasser son monde naturel, il brave sa survie dans l'éternité. Il a posé un pied sur la lune… pour voir. Un grand pas pour l'humanité dans la recherche technologique et scientifique. On peut en convenir au regard du déterminisme de notre univers.

Et sur la lune il a vu, examiné, testé le sol et n'a trouvé qu'une planète morte, vide, sèche comme un caillou. Aussi, pourquoi user tant d'énergie à chercher l'extraterrestre. S'il est quelque part, ainsi que certains le supposent, il viendra peut-être sans ne rien changer à notre destin d'humain.

Chercher des champignons, ça se trouvent dans les bois, dans les champs, chez les êtres vivants, dans la nature. On en trouve de partout car ça existe. Mais chercher quelque chose dans l'espace dont on n'a pas le moindre indice d'une possible existence, équivaut d'aller voir par la même occasion si Dieu se montrerait là-haut. Les préoccupations humaines devraient se concentrer sur la paix ici-bas. La recherche a permis d'avancer vers d'autres domaines, mais pour l'heure et pour là-haut, on peut comparer ce délire à la représentation culinaire du merlan en colère, ce plat où le poisson mord sa propre queue qu'il croit être une proie.

Les écritures ont raison, le paradis existe bel et bien… Mais il est ici.

Et c'est à l'homme de le réaliser.

L'aménagement des territoires en importantes métropoles a été utile aux industries et à la mondialisation des siècles derniers à aujourd'hui. Grâce aux technologies et à la numérisation qui atteignent les sommets de leurs performances, cette nécessité n'est plus d'actualité en ce début du troisième millénaire de notre ère. Aussi, pourquoi continuer de s'enfermer dans des „métropoles prisons modernes" ? Ce besoin des uns sur les autres n'a plus sa rentabilité. Les robots maîtrisés à distance peuvent se charger du travail à la chaîne. Il est temps de retourner aux champs. Et allez hop, tout le monde à la campagne, pour une agriculture de masse saine et les moissons de la Saint-Jean. D'où vient-il ce Cro-Magnon enrichit de caprices sinon de sa grotte le cul-cul à l'air. T'es pas bien à la campagne à respirer l'air pur ? Pauvres, ceux qui n'ont pas fait sauter leur pucelage dans un champ de blé pour la Saint-Jean ou dans le tas de foin d'une grange en été.

La vie s'écoule plus paisiblement dans les campagnes. On ne court pas comme des dingues. La montagne, la mer, la campagne, les plages, les forêts, les déserts sont le nid de l'humanité. Ce ne sont pas les espaces vivables qui manquent dans ce monde. Les œuvres technologiques et scientifiques des femmes et des hommes de tout temps ont donné les moyens aux peuples présents de jouir de ces possibilités d'existence paradisiaque. Le paradis est ici, à l'homme d'en ouvrir les portes et de fermer celles des tyrans.

Néanmoins, si on fait un bilan du développement de l'humanité, on peut reconnaître à en juger l'aspect général de cette culture universelle un mouvement graduellement positif en ce sens. Il suffirait maintenant de sortir de toute disposition qui engendre l'aspect inhumain afin qu'aucun ne souffre de son passage sur terre. Le message le plus puissant de l'Humanité toute entière est incontestablement celui du Christ où l'Amour d'autrui symbolise le principe de l'Humanité avec un grand H. L'altruisme est le chemin le plus facile du paradis promis.

* * *

Indien a vu Jack sur les marches du bar qui lui lance un coup de sifflet familier ; un appel du style „invitation" pour chien. Il fait beau.

Assis sur la placette de l'église devant la fontaine, la mine sérieuse, Indien tourne la tête en direction du bar d'où vient l'appel. Il a fière allure, la tête relevée, ses courtes oreilles pendantes aux poils mi-longs ondulés affinent cet air coquin, malin, intelligent de l'épagneul Breton. Les pattes du devant tendues dressent son buste musclé, des muscles qui frémissent sous la peau. Son regard de feu perçant, la mâchoire serrée, caractérisent cette personnalisation de l'animal. Il semble réfléchir dans cette attitude du chien penseur, les sourcils froncés. Il l'est.

La réflexion est de courte durée. Il connaît les habitudes de la maison. Cet appel pour une gamelle matinale réserve toujours des gourmandises de premier choix. En général, à l'heure où le soleil commence à réchauffer progressivement la place de ses premiers rayons du jour, c'est que le bon pain de campagne du boulanger voisin est dans la panière au coin du comptoir, à côté de la planche en bois où le laguiole, le bacon et autres charcutailles sont prêts pour un casse-croûte de vrais gens du pays, qu'un petit verre des Côtes du Rhône de derrière les fagots accompagnera généreusement. Une fête aux papilles gustatives.

Comme un rituel, Jack prépare chaque matin ce casse-croûte qu'il aimait tant dévorer dans son enfance chez le paysan ami de son paternel, quand il le menait faire les moissons avec lui, les foins, les blés et autres céréales. Les traditions culinaires sont à défendre quand on sait les observer avec commodité. Sur ce plan, Jack est un vrai plouc ! Indien, lui, adore ces bons plans de campagne qu'organise son Jack préféré ! Le paradis des chiens, il l'a conquis. L'homme est la plus belle conquête du chien. Il suffit parfois de peu de choses pour changer une vie.

Ma vie a changé au coin d'un bar entre deux apéros. Entre le pastis de mon geôlier qui me tenait captif dans son chenil et le baby de mon maître, mon Jack, cet ami tenancier d'un petit troquet de cambrousse à Raucoules. Entre nous ça n'existe pas „maître", "maître-chien" ; entre lui et moi c'est de l'amitié, de la fraternité. Maître, ça fait penser à l'esclavage, à la soumission d'une exigence dictatoriale. Pour moi, Jack, c'est mon poto, mon frérot.

Je la connais l'histoire de ma providence, Jack l'a racontée plein de fois.

« Si un jour je prends un chien de compagnie, ce sera un chien de chasse. J'adore les chiens de chasse, qu'il disait derrière son comptoir.

Et c'est ainsi, que le hasard dans l'articulation de ses tentacules bienfaitrices, conspira à un destin pour moi qui changea mon existence de chien emprisonné en une vie de chien domestiqué.

Tu veux un chien ? Je t'en donne un. Il me reste un chiot d'une nichée. Un mâle ; il a six mois. C'est un épagneul Breton, lui a dit Rapide. *Il a un beau pedigree.*

Il faudrait que tu me le mènes, a suggéré Jack. *Je te le payerai.*

Tu ne me paies rien, je te le donne. Il est beau tu verras ; il a ses papiers, son carnet de santé, tous ses vaccins sont faits. Je te l'amène dans la semaine, a conclu Rapide.

Allez ! Finis ton verre, je mets la mienne. »

Le Mektoub a changé ma pauvre vie d'embastillé en une belle vie de chien soigneusement traité et aimé. Il ne faut pas grand-chose des fois, WHOA ! Il suffit de trinquer au coin d'un bar. D'ailleurs les vieux le disent souvent que, dans le temps, les plus belles affaires se faisaient au coin du bar. Ils discutaient leurs business, buvaient deux trois godets, se tapaient dans la pogne et l'affaire était conclue. Aujourd'hui il faut casquer un notaire, deux avocats, régler le prix des timbres, des timbres hors de prix bien entendu. Des impôts fiscaux qui alimentent tout un système financier qui taxe et surtaxe un marché dans lequel le seul vainqueur est l'État, qui lui, ne risque pas le moindre centime.

Il ne me faut pas longtemps pour traverser la route. Il n'a même pas fini de siffloter son refrain mon Jack que je suis à ses pieds. On se fait une accolade de frérots. Caresses, papouilles !

« Tu es tout mouillé mon Indien ! »

Mimi se précipite avec sa serviette de toilette. Elle m'y enroule dedans pour me sécher. J'adore quand elle me frictionne avec son drap de bain. Ça fait des chatouilles. Lorsqu'elle m'a bien séché, frotté, elle me bisouille comme un bébé. En vérité j'avoue, un vrai régal ! En plus, elle me récompense, me donne chaque matin un de ces mini gâteaux câlins qu'elle achète à la boutique animalière. Mon p'tit-dej. Une légère collation dans l'attente de passer à table... Façon de parler, car le matin ils restent au comptoir, perchés sur leurs grands tabourets. Chacun sort son canif, son opinel, son coutelas, outil indispensable des lève-tôt campagnards pour tailler net dans la terrine maison du patron.

Pour le repas principal, c'est différent. Ils se réunissent autour d'une table et là, tout l'attirail à gueuleton est de service : tous les couverts, fourchettes, couteaux, cuillères à dessert, assiettes, serviettes de table à carreaux rouge et blanc, assortis à la nappe ; pain de tradition, pichet „la cuvée du patron". Un rituel inconditionnel.

Pour montrer mon éducation à leurs amis, Mimi me fait manger assis à ses pieds, et à la fourchette, madame. Une fois, lors d'un repas, elle m'a même passé une serviette autour du cou. Ils ont tous voulu faire des selfies avec moi. Pour sûr que ça me va très bien le foulard, surtout

à carreaux rouge et blanc sur ma robe à dominance noire.
Ça les fait marrer… Je suis étonné qu'ils soient ébahis de
me voir manger à la fourchette. Quand Mimi pique un
morceau d'entrecôte et me le tend, je le prends en dou-
ceur, avec une infinie délicatesse pour mâcher propre-
ment et ne pas me blesser la langue. Faudrait être con
pour bouffer la fourchette… La seule différence est que
je ne peux pas la tenir la fourchette. Il faut les laisser
rire, ils sont bêtes !

Les humains se croient plus intelligents que nous les bêtes.
Soi-disant que l'on ne penserait pas, que nous n'avons
pas d'émotion et autres affections de ce genre. Ils ont la
certitude d'être mieux éduqués ou évolués que le monde
animal ; ils ont bien de drôles d'idées.

Les oiseaux migrent à des périodes précises, organisent leur départ en grand nombre, se rassemblent pour
des voyages organisés, parcourent des milliers de kilomètres, traversent les mers et les océans. Des vrais GPS
ces oiseaux-là !

Ils sont des ingénieurs innés dans la construction. Les
nids des cigognes bâtis sur les cheminées des maisons al-
saciennes afin de récupérer la chaleur. Tous les animaux
sont les enseignants de la créativité humaine. Les ruches
des abeilles, les toiles d'araignée, les villages de castors
bâtis sur l'eau comme une cité flottante, les terriers des
lapins ou des marmottes, l'écureuil et ses réserves hi-
vernales dans le tronc d'un châtaigner, les hirondelles
qui bâtissent en dur témoignent aussi de la diversité des
matériaux utilisés par la faune : pailles, foin, herbe, soie,
terre, manne, branche, troncs d'arbres, tous maîtres incontestables de l'architecture. Un monde du travail, de la

collectivité, de la paix, de l'amour… Sous vos yeux, modèle nature, création incontestablement algorithmique d'une puissance invisible, œuvre de la Mère Nature, fidèle compagne de Dieu.

L'intelligence, prophétise l'Homme… !

Les dauphins sont les génies de la navigation et du sauvetage. Ils connaissent les fonds des mers et les côtes littorales comme aucun marin. Leurs capteurs d'orientation sont plus perfectionnés que n'importe quelle boussole électronique. Ils se déplacent à une vitesse impressionnante.

Un bébé phoque perdu au milieu d'une foule condensée par des milliers d'autres individus de son espèce, retrouve sa mère grâce à leurs appels respectifs dans la cacophonie d'un peuple en liesse sur la banquise. Ce ne sont pas des retrouvailles instinctives mais communicatives.

Le cheval ou son cousin le mulet, que l'homme considéra un temps comme sa plus belle conquête, peut emporter des charges à des lieux à la ronde, tirer des chars sans la moindre dissidence, galoper avec une amazone montée à cru sur son dos pour combattre à ses côtés avec courage. Eux aussi ont sauvé des millions de vies humaines.

Nous, les chiens, développons notre flair aussi précisément que l'ADN. On sélectionne des odeurs que nous rangeons dans les cases de notre système et pouvons en caractériser quelques-unes choisit en fonction de la demande. Une sélection souvent patronale désignée pas notre maître : odeur humaine, animale comme le lièvre ou la bécasse ; ou encore la drogue, l'argent sale et propre. Et même de détecter des cancers sur des gens atteint de la maladie. D'autres amis sont perfectionnés pour la garde, l'attaque, les avalanches, le sauvetage. Sans la faune et la flore, l'homme n'aurait jamais survécu ni même existé.

Ne nous pensez pas si bêtes que vous le supposez ; nous pensons, sans connaître ce besoin d'expression philosophique puisque nous vivons philosophiquement avec la nature.

Ainsi, un Saint-Bernard qui découvre des survivants sous une avalanche, un Labrador qui sauve un enfant des eaux sont de véritables héros. Le héros n'est pas obligatoirement celui qui risque sa vie pour sauver celle d'un autre. Le héros est aussi celui qui a le courage de mettre la sienne en danger pour améliorer celle des autres, d'accomplir des actes de bravoures. Nous avons aussi nos héros. Dans chaque individu dort un héros potentiel. C'est par les mystères d'une providence exceptionnelle que le héros jaillit. Toutes les conditions à dessein sont au préalable abouté en un parfait accord, puis le hasard de la destinée crée une situation atypique afin que s'accomplissent l'action extraordinaire.

Ainsi naissent les héros et les miracles.

L'Humanité poursuit son chemin inexorable avec toute la faune et la flore qui l'accompagne, mais qu'elle doit aujourd'hui protéger de droits. Sans les autres espèces, l'homme n'aurait certainement pas survécu. L'homme a une dette envers la nature. Il lui doit un retour d'ascenseur avec de grands mercis. Le message envoyé par le Sauveur de l'humanité est celui d'un Héros qui a maîtrisé sans haine et sans violence l'hypocrisie des hommes. La conscience collective est l'enseignement naturel par lequel l'homme ne peut dissocier toutes espèces vivantes de son concept éternel. Une énergie divine qui œuvre universellement dans l'empathie.

L'empathie, cette faculté extraordinaire dont l'homme dispose et use universellement comme dans une coupe du monde de football. La joie des vainqueurs et les pleurs des vaincus. Cette empathie communicative dans la descente des Champs Élysée de son équipe championne du monde. Des dizaines, des centaines de milliers de gens unifiés autour de la victoire sous les drapeaux tricolores dressés très haut, dans la fumée des fumigènes, colorées de bleu, de blanc, de rouge, nappant ainsi ce tableau républicain de la levée d'un peuple, comme une aube naissante dans les brumes fluorescentes d'un jour de gloire. Une foule aux couleurs jubilatoires de solidarité.

Cette France d'une merveilleuse diversité, d'un peuple cosmopolite, certainement le plus représentatif de l'humanité. Des hommes et des femmes venus de tous les pays, de toutes parts et de tout temps, fertilisant cette terre qui malgré ses turbulences religieuses, a nourri ce peuple loyal, solidaire dans les grands moments pour concevoir instinctivement le message divin du premier Révolutionnaire Pacifiste de cette planète.

Une histoire de France atypique avec ses agitations capricieusement bourgeoises. Atypique dans sa générosité, son hospitalité, sa solidarité, sa combativité, ses personnages sublimes et autres héros de son histoire, dans ses douleurs et ses souffrances ; par ses sursauts et son exemplarité ; avec ses merveilleuses histoires artistiques des amours rêvés, vécus, romancés. Une histoire qui n'en finit pas de séduire le monde.

Remonte à la source, tu es sûr d'y trouver l'eau propre.

* * *

Les casse-croûtes organisés à la détente sont fréquents. La tripe est une spécialité régionale. L'hiver, les rassemblements autour du tripot s'étirent à un rythme soutenu. On aime cette collation festive matinale, tout de suite après la messe dominicale qui réunit autant qu'elle divise. La tripe rassemble nettement mieux que l'office religieux du dimanche. Ce mets composé d'abats de ruminants, au goût relevé, piquant, épicé-tomaté avec son arrière saveur de vin blanc sec, régale généralement les plus anciens du pays. Certains devinent parfois un lointain parfum de cognac ou plus près d'armagnac. Une tripe cuite dans les terrines de grès, au four, gratinée d'un voile de panure. Posée comme ça, au milieu de la table, encore fumante, vaporisant ses arômes d'épices chaudes comme les effluves d'un marché de Provence. Un régal pour les participants qui se congratulent les uns après les autres dès leurs arrivées vers huit heures du matin, autour d'un petit vin blanc de pays non spécifié sur la bouteille. Vin de pays. Du pas trop cher, sec comme un coup de trique, qui râpe le gosier à vous mettre la chair de poule. Obligé d'en écluser plusieurs godets avant que la gorge ne retrouve ses esprits. Rude !

Tout un rituel, surtout la tripe de la Saint André(e) qui en appelle à tous les André(e)s de la commune et des voisines... Un matin de tripes, un matin plus loin...

Une pluie de p'tit-rosé, de blanc-limé, de blanc-cass, de blanc sec, bien sec, qui se terminent en un torrent de vin blanc. Tout le monde le sait, les petites rivières font les grands fleuves. Ils se connaissent tous. Parlent fort aussi... Tous... De plus en plus fort à la cadence des averses de vin blanc, de galopins, de p'tit-rosé, avant de s'installer autour de la même grande table confectionnée pour une trentaine de personnes. Cérémonieuse, convivialité en s'asseyant les uns contre les autres dans un bruit de chaises secouées, presque brutalement. Les bouteilles de vin rouge, cette fois, alignent leurs étiquettes „Côtes du Rhône", fières de cette dominance sur la table des convives. Elles trônent !

De larges mains poilues se sont déjà saisie de quelques-unes pour débarrasser la table prétextant laisser un peu de place pour les plats. En attendant, les litrons tournent à bout de bras. Avant qu'on ne sache jamais...

Il est tout juste dix heures.

Les soupières en terre cuite, armées de leur louche, atterrissent toutes fumantes devant des poings croisés sous le menton et que d'autres regards impatients surveillent. L'hallali a sonné, les Raucoulois sont aux abois. Ils raclent le fond des gamelles, comme un braqueur les fonds d'une banque. On sauce avec le pain en expédiant des „s.o.s rabiot" à mon Jack coincé dans ses fourneaux. Mimi saute de la salle resto à la cuisine, juste au-dessous, par les quelques marches d'escalier qu'elle empreinte pour faire remplir les plats dès qu'ils se vident. C'est systématiquement deux bons tours de tripes par tête de pipe, deux passages. Peu de mots... Quelques échanges de verbes montagnards qu'accompagnent des rires gras au pinard, entre deux bouchées... Des bruits de couverts, de verres qui trinquent et qui ont soif. Enfin arrivent les plateaux de fromages pour faire glisser le dernier... avant le prochain. Tout s'accélère soudainement : dessert, café, dijo... Car on ne doit pas être bien loin de midi... Et c'est l'heure de l'apéro...

Bonjour les dégâts mais on ne prend pas d'auto. Tous sont venus à pieds et résident à Raucoules ou les proches environs.

Un rituel qui se répète tous les ans, pour la Saint André(e). Pourquoi la Saint André(e) ? Va savoir ! Et pourquoi pas...

A la campagne ou à la montagne, dans tous les milieux ruraux, beaucoup sont chasseurs. Et ici, nombreux viennent aussi de la ville. La chasse est la plus ancienne coutume de l'homme. Elle est une partie intégrante de l'histoire de l'humanité. Une tradition partout dans le monde. De l'homme des cavernes au chasseur de prime, il faut trouver sa bectance. Tradition de l'homme, de la femme, de la faune, de la flore. Toutes espèces de la nature en mangent une autre et ainsi, se nourrissent de ses „congénères". Avant d'être traditionnelle, la chasse était nutritionnelle. Indispensable sûrement à cette ère où elle permit à l'homme de survivre avec les autres espèces. Aussi, il n'est pas évident d'effacer une tradition telle que celle-ci, qui a fait becter l'humanité toute entière durant une grande partie de son existence. Ce serait en quelque sorte tourner le dos à ses parents nourriciers. Les nouvelles générations veulent absolument éteindre, étouffer, éradiquer, des traditions qui les ont portées jusqu'à leur confortable vie de petits bourges. En mal de reconnaissance, on se persuade que le modernisme est le résultat de sa propre intelligence. Si on veut... Sans la chasse, l'homme ne serait plus de ce monde depuis belle lurette.

Bien entendu, quand les amis de la chasse se retrouvent au bar, pas besoin d'être médium pour deviner les conversations… Et qu'avec mon pedigree, je vais avoir droit à une sortie champêtre. Tout est prévu pour le jour de fermeture hebdomadaire du bar. Les chasseurs disent que je dois être bon pour la chasse, notamment la plume, à cause de mon pedigree, de ma race quoi.

Mais il est vrai que je préfère chasser la plume parce que c'est plus joli à l'envol. Surtout celui des perdrix. Elles décollent brusquement, bruyamment, en crissant des bye bye avant de plonger dans les gorges où elles disparaissent dans le décor, volatilisées. Ça vaut le coup d'œil. Et les mener jusqu'à l'envol, c'est le pied.

Le faisan c'est différent. Lui, brille par son élégance et ses couleurs princières, dorées et argentées. Une noblesse naturelle chez ce volatile élancé, vêtu de couleurs métallisées qu'aucun artiste peintre ne saurait nuancer. La tête haute sur son col soyeux porte une crête perlée comme la couronne d'un prince. Quand il s'élève dans les airs, accompagné de sa princesse, quelques battements d'ailes leur suffisent pour se laisser porter entre les courants à basse altitude, toutes plumes aux couleurs chatoyantes déployées dans cette traîne nuptiale, piquant aile contre lui dans un vol plané majestueux sur le lit de bruyères où ils cacheront leurs amours printanières. Le coq de Bruyères et la poule des bois, le luxe des rois.

Mais mon dada c'est la bécasse. Le monde de la chasse sait que l'épagneul Breton est un spécialiste de la chasse à la bécasse. Pas celle à talons hauts de chez Fouquet's, comme ils disent au bar. Pas la bécasse aux basses résilles. La vraie, au bec long et pattes fines, qui vole en zigzags si serrés que, même lorsque le tireur l'aperçoit, elle a déjà déjoué la précision du coup d'épaule au champ de tir. Loupé !

Le gibier à poil est plus physique. Non seulement il te fait chercher mais quand tu le trouves, il te fait courir. Le lièvre pourrait te promener toute une matinée dans son jeu de cache-cache. Contrairement au lapin de garenne, qui lui, filoche directement à la maison : le terrier. Et là, macache ! Tu ne rentres pas. Seul le fox est capable de descendre dans un terrier. Du coup, un nom de race tout prêt est né : le fox-terrier.

Celui avec qui je me marre le plus c'est le lièvre. Une vraie compète. Faut voir comme il détale le rouquin. Souple, rapide, plutôt rusé ce coquin. Moins qu'un renard mais malin tout de même. Je réussis toutefois à le coincer souvent mais je m'en fous de gagner ou perdre, je me plante à l'arrêt et je l'observe. C'est un jeu. Je fais ça tout le temps lorsque je chasse seul dans la campagne. Je les course, retrouve leurs traces... Tous y passent, lièvres, faisans, bécasses, perdrix... Et je les laisse filer à leur gîte ou leur envol. On ne chasse pas pour la bouffe... Juste pour jouer.

J'ai compris plus tard le pourquoi de cette crispation chez mon ami le lièvre. Ce fut dès ma première partie de chasse, pour la fameuse sortie champêtre organisée l'autre jour, à l'apéro de la tripe. Pas lors d'une de mes chasses en solo mais à une chasse en équipe, avec les autres chiens, en manœuvre dans les 4x4 japonais avec l'attirail du parfait chasseur et nos maîtres habillés en militaire, arme à l'épaule, qui nous cassent les oreilles pour ne pas dire autre chose, avec leurs sifflets ultra son... Ils font des tests parait-il, pour le cas où on aurait des chiens sourds dans la meute. Ils sont bêtes ou quoi ? On est sous leur nez...

Enfin ils nous lâchent. Ouf ! Ça fait un bail que l'on attend pour aller jouer avec toute la bande… La meute quoi. Surtout qu'il y a de ces odeurs dans l'air.

Cet air pur plein de senteurs, empli des arômes des bois, des terres, des pommes de pins, des feuilles mortes et vagabondes, des plantes sauvages ainsi que des saveurs à en croquer l'herbe. On se purge, on frétille, on s'enivre, on remue la queue, on sautille de droite à gauche et à l'inverse pour certains, mais toujours le museau plaqué au ras du sol à la reconnaissance des merveilles forestières.

Jusqu'à ce que soudain, je flaire une odeur que je connais bien. Mon copain de jeu, le lièvre. Je me dépêche sur la direction qu'a prise mon adversaire, grâce exactement, à mon fameux flair.

« *C'est parti, c'est parti… Ton chien a pris un pied,* qu'il hurle le copain de mon Jack. »

Drôle de langage, je n'ai pas pris de pied.

Me voilà lancé à la recherche de l'ami le lièvre que je devine se faufilant dans les hautes herbes, à peine un peu devant moi. Il n'est pas loin, je le sens. Parfois, il tape un sprint de quelque distance mais il ne me sème pas, je reste à ses trousses. Le nez collé au sol, j'avance, moins vite mais sûrement car je dois le débusquer pour gagner la partie. J'entends parfois les voix de Rapide et mon Jack derrière moi qui tentent de me suivre.

Et tout à coup je le vois, mon ami à grandes oreilles. Il est tapi contre cette motte de terre, juste devant moi, à trois ou quatre mètres. Comme d'habitude, il me regarde mais cette fois, il ne sourit pas. Il semble terrifié, se blottit contre le sol pour reprendre un peu de souffle. Il sait qu'entre lui et moi ce n'est qu'un jeu mais je le sens inquiet, psychologiquement perturbé. Surtout quand il entend la voix des chasseurs… Il se paralyse. Je stoppe mon ascension. Je ne bouge plus. Je lève la patte droite pour indiquer la route à suivre à mon adversaire. Tout droit Jeannot, je lui montre. Derrière moi, ça crie. Je ne sais pas ce qu'ils baragouinent tous les deux, c'est la première fois que je chasse avec eux. Bien campé sur mes pattes, je fais des signes à Jeannot gros lapin, du bout de mon museau et en remuant la tête de haut en bas, pour lui dire que je suis prêt, calé dans mes starting-block, prêt pour le dernier sprint final.

Il m'a compris.

Il fait un demi-tour en deux coups de pattes arrière. Un peu de terre voltige. Quel démarrage ! Speedy Gonzales ! Comme dans les dessins animés du petit Eliott. Un de ces bons qu'il a fait. Il saute pour s'élancer droit devant lui, décolle dans une éruption de mottes de terre. Une détente extraordinaire pour une bête de cette taille. Un beau capucin d'au moins six à huit livres. Je n'ai même pas le temps de démarrer…

Boum ! Boum !

Collés les deux boums… Silence brutal… Bououoummm ! Un troisième au loin, l'écho peut-être. Je vois mon Jeannot qui culbute, fait un roulé boulé stupide et s'affale comme une crêpe sans plus aucune réaction.

Je m'approche… Purée ! Il saigne de l'oreille et un peu de la bouche. Le sang qui coagule sous les rayons du soleil colle sa moustache à ses joues. Ses babines retroussées laissent paraître de longues dents inoffensives, légèrement verdâtres, que les trèfles frais avalés du matin ont teintées. L'œil grand ouvert est vide de vie, sans vie. Il est mort. On dirait qu'il dort tranquillement mais non, il est bien mort. Je le renifle pour être sûr. Bien mort. Le pauvre, on se marrait pourtant bien. C'est le mektoub.

Les deux autres arrivent. Rapide recharge son flingue, le Jack ramasse mon pote par les pattes de derrière. Il le soulève, me le fait sentir. Je n'ai pas besoin de le renifler, je vois bien qu'il est mort.

Ils sont tout content les deux complices d'assassinat. Je lance quelques grognements râleurs à mon Jack pour lui demander des explications. Je lui saute à la taille, pose mes pattes sur ses cuisses. Je cherche à lui faire part de mon mécontentement mais il ne comprend rien à ce que je veux lui dire aujourd'hui. Il s'imagine le contraire, il croit que je suis heureux de cette issue macabre. Il me caresse, me félicite l'imbécile. Comme si j'allais cautionner cette barbarie... Et si c'était à moi qu'on fasse le coup de la partie de cache-cache et qu'au moment de détaler, son pote Rapide me carabine dans le dos, comme un vulgaire voleur de bar tabac...

« *C'est bien mon Indien, c'est bien mon Indien !* Qu'il rabâche avec son abruti de co-équipier. »

Ha non... Ce n'est pas bien mon Jack !!

Tu me mènes à une fête comme à un mariage, tous déguisés dans de drôles d'habits et ça finit en grandes pompes funèbres. Tu vois le coup foireux que tu viens de me faire. Je vais jouer à cache-motte avec mon ami le lièvre, on fait la course, on n'emmerde personne, et voilà que ton pote me le flingue sous les yeux. Je ne savais pas que ta partie de chasse se terminerait en une funeste tragédie. Une balle dans le dos de l'ami Jeannot. C'est pas gentil l'ami. Merci pour la sortie !

Le retour dans le 4x4 est tristounet. Les deux meurtriers, à l'avant de l'auto, rigolent à propos d'apéros et de marinade. Ils parlent de bonnes bouffes. Que mon pote le lièvre va passer à la casserole. Tu te rends compte ? Ils vont le manger ! Nous on n'en mène pas large à l'arrière du Toyota. Les deux autres sur la banquette avant racontent que nous, les chiens affalés à l'arrière, on est crevé… Qu'après une si bonne journée de chasse… Mon cul ouais, on n'est pas crevé ! Personnellement, je suis triste et déçu. Nous sommes tristes d'avoir perdu un ami parmi les bêtes, qui n'avait rien demandé. C'est un peu comme un deuil qu'on rapporterait dans la gibecière.

Allongé à l'arrière de la carriole, la tête appuyée sur mes pattes de devant, la mine défaite du chien de chasse épuisé, dépité dans l'odeur âpre d'un sang innocent, étouffant, rageant, je médite sur la dernière séquence de mon face à face avec Jeannot. S'il était toujours vivant, il me prendrait pour un drôle de salopard de lui avoir montré le chemin en levant ma patte dans un hochement de tête. Il serait en raison de penser que je l'ai trahi, alors que j'ignorais totalement que l'autre l'attendait derrière un bosquet pour le fumer. Il pourrait très bien croire que je l'ai traîné dans un guet-apens, comme un petit lascar de quartier qui fait niquer son pote pour une pincée de came. Chez nous les animaux, cette capacité intellectuelle à monter des traquenards tordus n'existe pas. Nous pensons, oui ! Mais uniquement en bien, jamais en mal. Le mal n'appartient pas à l'animal.

Aussi, à l'arrière de la camionnette, on se réfugie dans le silence de la honte, un grand silence sans un bruit, sans un soupir, comme une minute commémorative en souvenir de la mort des autres, de ces soldats inconnus tombés inutilement pour la guerre. Autant de monuments aux morts que de mairies, que de soldats inconnus. Un régiment d'inconnus. Un bataillon de vagabonds et autres bandits de ce genre, ramassés à la hâte dans les rues, dans les prisons et autres institutions d'aliénation bagnarde, expédiés de force faire une guerre inhumaine d'inconnus.

Nous méditons ainsi, allongés au fond de la caisse, sur ce jeu macabre auquel notre meilleur ami, l'homme, nous rend complices par assistance dépendante.

Nos amis les humains manqueraient-ils d'humanisme... ?

Je sais dorénavant comment je gérerai ma participation aux activités de chasse.

Durant deux jours, le resto „la détente" a droit aux relents de lièvre dans toute la cuisine, jusque sur la terrasse. Des senteurs de gibier faisandé et de vins épicés étourdissent d'allégresse tous les copains du bar conviés à déjeuner pour déguster la bête. Sacré programme. Je ne savais pas qu'ils les bouffaient les gentils petits Jeannot lapin. Ils s'extasient à raconter que c'est si bon, un bon civet. Qu'on peut aller loin avant de trouver un cuisinier comme mon Jack pour préparer le gibier. Les meilleurs civets à des lieux à la ronde. Lui, il n'a pas de fusil pour les sorties de chasse mais il a toutes les recettes pour chaque victime. Des recettes de grand-mère qu'il dit... A son âge... Lui qui est presque arrière-grand-père. Tu ne veux pas rire !

Ils m'ont ramené deux ou trois fois à la chasse. Je n'ai joué avec personne, pas même le plus petit piaf ; pas même avec un roitelet, un campagnol ou un mulot. Quand ils plongent la main vers des buissons qu'ils écartent pour que j'entre là-bas dedans, je ne montre pas que je fais la gueule ; je singe le bébête. Je mime le chien étonné devant ce bosquet plein de ronces afin de les laisser supposer qu'aucun individu „bon pour la casserole" n'y séjourne dans l'attente d'une marinade à la vigneronne. Tarés ces deux-là ! Je lève la tête et les regarde. Je fais celui qui pige que dalle. Pareil que mon Jack l'autre jour, quand j'avais de la peine et lui de la joie.

« *Je ne sais pas ce qu'il a aujourd'hui mon Indien, il n'a pas la pêche...*

Hé oui mon con, vous m'avez eu une fois... »

Me rendre complice d'un crime... On arrête là. Moi je ne joue plus.

Du coup, je reste aux pieds de Rapide ou de mon Jack. De temps en temps je vais me planquer dans un taillis. Je m'allonge dans ma cachette, remue un peu pour faire bouger les hautes herbes ou les fougères. Je tourne, me retourne, me frotte le dos sur la mousse, me gratte l'oreille, fais ma toilette. Les deux autres à l'affût ne me voient pas et croient que je bosse à voir ces buissons remués. Et puis je reviens, bredouille ; ni vu ni connu. Leur jeu macabre ne me plaît pas du tout, mais alors pas du tout ! Mon Jack tient le smartphone photo mais l'autre a un flingue. En fait, ce n'est pas un jeu mais un vrai sale boulot. Pour le maître-chien de chasse, chasser c'est travailler ; comme ils le disent : « *il travaille bien.* » On n'a pas la même conception des jeux et du boulot.

Évidemment, ça implique à porter un regard différent sur cette formule „triviale poursuite" qu'observent ces deux inséparables chasseurs, l'homme et le chien. Pour l'homme c'est un loisir, un jeu, une activité, un hobby, une passion, une participation écologique, une culture, une journée de détente... Une détente facile pendant que l'autre bosse.

Aussi, en ce qui me concerne, terminé. Je présente ma démission de manière obsolète et sans préavis. Ils en concluront un abus de nonchalance, de je-m'en-foutisme, d'immobilisme, d'excès d'insoumission ou de tout ce qu'ils voudront. Rien à traire.

Je vais me recycler en chien de compagnie d'appartement, avec une sortie champêtre de temps à autre, sans fusil. Et puis envisager une retraite bourgeoise tranquille... M'enchaîner à un avenir mode „canapé-télé", avec Mimi et la tribu ronronnante des chats sur les poufs.

* * *

La cheminée souffle une douce chaleur étourdissante que les miaous scandent de leurs ronrons sur le canapé. Les flammes crépitent comme des piaillements de moineaux, lèchent les rondins de bois mort du foyer, s'envolent en flammèches panachées et se collent parfois à la vitre du caisson, avant de retourner au cœur de l'âtre en arabesques envoûtantes, comme les danseuses orientales dans leur corps de feu qui s'envoilent et se dévoilent.

Allongés sur le sofa, toute la famille regarde le film, Hatchi.

C'est une histoire authentique. La vie d'un chien, Hatchi, dont le maître meurt subitement pendant son travail d'une crise cardiaque. Georges est emmené à l'hôpital, en vain. Il n'a pu être réanimé.

Tous les jours, chaque matin, Hatchi accompagnait son maître à la petite gare de la ville et retournait l'attendre au train du soir, au retour du bureau.

Ce jour-là, ce soir-là, son maître, Georges, n'est pas à l'arrivée du train.

Hatchi retourne à la maison où il se met à chercher son ami-maître un peu partout dans les pièces à vivre et le jardin, au milieu d'un va-et-vient de la famille du défunt et des services pompes funèbres qui œuvrent aux obsèques. Et les jours passent. Hatchi cherche inlassablement son maître disparu. Il continue ses navettes aux heures habituelles de la gare à la maison. Il ne peut évidemment imaginer que son maître ne reviendra pas, tout comme il ne peut concevoir la mort qu'il ne connaît pas.

Il est vrai que la mort n'est pas perçue en tant que telle dans la nature. Seule la vie compte et importe. Vivre, survivre, faire vivre ses petits, participer à la communauté d'un groupe ou d'une famille. L'animal ne se projette ni ne songe le moment de la mort. Pour la nature il n'y a pas de mort mais seule la vie qui se transforme par le renouvellement d'un cycle éternel de toute espèce. Les espèces vivantes ne sauraient appréhender cette confrontation avec la mort sans l'instinct de lui échapper. A cet instant seulement, elle montre le visage du néant. Avant qu'elle ne soit, elle n'existe pas. Elle ne prend ses formes que dans la disparité et le vide qu'elle provoque. C'est au moment précis où elle s'impose comme un indésirable achèvement, que la conscience instinctuelle cesse le combat face à l'insurmontable.

Afin de pouvoir renaître il faut d'abord mourir.

Hatchi n'a jamais vu son maître sans vie ; un corps étendu sur un drap blanc avant la mise en bière pour être incinéré. Il ne saurait faire une hypothèse de la mort, de cette longue boite aux poignées dorées portée par des hommes en costume noir qui traversèrent le jardin.

L'insensée disparition de son ami-maître, mystérieuse et incohérente pour Hatchi, procède cependant d'un déni d'abandon. Son maître ne peut l'avoir abandonné. Il est quelque part. Il doit revenir. Il ne s'est pas volatilisé comme une perdrix dans les gorges ombragées de la Loire. Seule la mort peut séparer les amitiés fidèles, mais la mort n'existe pas. Aussi, son état psychique décline dans cette contradiction de l'impossible et de l'inébranlable réalité. Il n'y a pas de mort sans cadavre.

Le spectre ne peut éteindre les lueurs d'espoir qui brûlent dans l'esprit de ceux qui gardent la foi. La mort n'existe que dans sa surprenante présence mais n'affecte pas le défunt. Elle réunit la famille et les amis autour d'elle dans la peine, puis disparaît à pas de loup, dans la nuit noire.

La mort, on ne la sent pas ; elle ne fait même pas mal au moment crucial. Elle arrive à l'improviste comme une voleuse et se sauve au plus vite après son passage. Il ne reste plus qu'aux vivants à ramasser les condoléances laissées par l'intruse nauséabonde. Car elle pue de surcroît. On le dit bien assez dès qu'elle rode dans les alentours : « *ça sent la mort !* »

Hatchi fait des allers-retours entre le jardin et le garage sans comprendre. Il tourne, cherche, tourne, cherche, retourne, recherche… Son compagnon s'est évanoui comme un fantôme. Il ne peut que réapparaître, revenir, tout comme ce Jésus revenu parmi les siens. Impossible qu'il soit nulle part ailleurs qu'aux endroits habituels. D'ordinaire, il le retrouve toujours rapidement même lorsqu'ils jouent à cache-cache ensemble. On ne s'en va pas comme ça... On revient quand on part. Hatchi pressent bien qu'il n'y a pas de jeu derrière cette énigme et la tristesse s'installe, s'incruste, se transforme en un tourment permanent.

Son monde, Atchi ne peut le concevoir sans son ami. Il l'attend, continue à chercher. Il va de la maison à la gare, tous les jours aux heures d'arrivée du train de son maître, quand la cloche du village signale le moment proche de la descente des voyageurs. Jour après jour, sa peine grossit, son désespoir grandit. Il traîne péniblement son fardeau chaque instant, les pattes lourdes, arrondies par le poids d'une douleur intérieure, la tête pendante, les yeux aveuglés par trop de larmes incrustées sous des paupières enflées, les babines affaissées qui ne sourient plus.

Les plans cinématographiques étalent sur l'écran l'immense solitude de ce chien attachant, torturé par un vide indicible, jusqu'à nous faire espérer la résurrection de son maître lorsque l'on voit descendre du train, ce voyageur filmé de dos, au chapeau semblable à celui de Georges. Et pourquoi pas après tout. On a déjà vu d'autres ressuscités, surtout au cinéma. Alors pourquoi pas ! La fiction est un tricot des réalités possibles...

La transposition de l'histoire fictive au réel que provoque la peine de Hatchi dans le film envahit le salon et la petite communauté familiale. Mao le chat ronronne et s'en bat les roubignoles. La Mi renifle son kleenex et, la tristesse profonde de ces scènes douloureuses forme une larme sur les paupières de mon Jack. Une souffrance partagée tant elle est palpable et absolument bien projetée, réalisée.

Hatchi regarde descendre les passagers, un à un, jusqu'au dernier voyageur de chaque wagon, jusqu'à la fermeture de la dernière porte, jusqu'au coup de sifflet du garde barrière, jusqu'à la fumée épaisse qui envahit la locomotive, jusqu'à ce que le quai se vide, jusqu'à ce qu'il soit nu, mis à nu comme pour la fouille corporelle d'un détenu.

Le quai devient désert. Le train repart. Hatchi s'en retourne le cœur brisé, un cœur fendu, fracassé, écrasé, anéanti par le silence fantomatique de quelque chose d'indescriptible. Le spectateur frémit ; peut-être ne serait-ce pas cet homme là-bas, au chapeau noir, qui sort sous le perron de la gare ? Cette silhouette, cette gabardine, l'homme que l'image a saisi parmi les gens ressemble aussi tellement à Georges, presque autant que l'autre de tout à l'heure. On n'a peut-être pas tout compris dans le film... Le maître d'Hatchi n'est peut-être pas mort et que c'est lui, là-bas... Enfin, que les souffrances de cet animal cessent, s'arrêtent sur le champ.

Il arrive souvent que les morts reviennent dans les films... Comme dans les films de revenants par exemple ; „Le Revenant". Je n'aime pas trop les films de revenants, c'est lugubre, irréaliste ; mais là, tout de suite, ce serait vraiment bien ; le cinéma comme on l'aime, avec une belle fin.

Les scènes d'émotion se succèdent jusqu'au dénouement de l'histoire. Tous les commerçants à proximité de la gare et les voyageurs assidus au train du soir connaissent Hatchi. Tout le monde salue son air triste et douloureux. Durant des années, le même chemin de peine et de désespoir d'attente dans l'espoir. Un perpétuel chemin de croix récidivé chaque jour, sans exception, comme un condamné à une longue peine d'enfermement bestial qui attend la fin du vide, la fin de rien. Le chemin de croix qui conduit au néant. La douleur permanente d'un chien abandonné par le destin.

Le spectateur, malgré son incrédulité, espère lui-même que maître Georges va finir par descendre de ce train d'enfer.

Nouveau jour de désespoir sans l'espoir d'espérer jusqu'à l'aube suivante.

Son maître, cet ami sûr, ce père disparu subitement n'a pu l'abandonner. Hatchi cherche son compagnon chaque jour dans cette impossible existence, traînant sa peine et son chagrin du garage à la gare, rongé par cette douleur indicible qu'un fardeau permanent épuisera à mort.

L'abattement d'Hatchi au fil du film s'intensifie jusqu'au désespoir du temps qui le conduit à l'abandon, l'abandon de lui-même, l'abandon de la vie. Se laisser mourir… Mourir de fatigue, mourir à l'usure d'un espoir interdit.

Hatchi a vieilli, est devenu un chien épuisé, fatigué, abattu, battu à mort par un abandon mystérieux. Aucun homme ne voudrait connaître une peine aussi douloureuse dans cette durée.

Spectateur de l'image, de cette histoire bouleversante, le ressentiment sort de l'écran pour s'incruster dans nos cœurs qui, sans la moindre sollicitation influente, partagent communément la peine extrême de cet animal devenu soudain plus humain que n'importe lequel des humains. L'histoire est à présent dans le salon, dans le cœur de chacun de nous, oppressante et vivante en soi.

Sur les joues de mon Jack perlent deux larmes. Je soulève le museau, me retourne lentement, descends du canapé pour le rejoindre sur son fauteuil et pose mes pattes sur ses genoux pour l'apaiser, pour qu'il se rappelle ma présence, pour le sortir de l'histoire de la télé qui n'est qu'un film, une fiction qui n'entache pas la réalité qui est la nôtre. De le voir triste m'attriste. Je lui lèche les mains car il connaît ce geste d'empathie dont nous nous servons pour dire tout simplement, *moi je t ,aime*.

Lui, il verse une larme en silence dans un coin, comme lors des obsèques d'un proche, la petite perle sur l'aile du nez qui trahit cette sensibilité que l'homme voudrait tant cacher dans le coin d'une église ou d'un cimetière, là où il a le droit. La larme qui monte du cœur et qui, dans ce que l'on prend pour une faiblesse est une force d'amour. Pleurer est un acte de sensibilité, de générosité et qui libère l'âme de cette sève amère qui saigne des cœurs émotifs.

Avant, dans le temps comme on dit, les hommes devaient s'interdire de pleurer ou préféraient s'en cacher. Le monde s'humanise.

Le film est terminé.

A sa mort, une statue de Hatchi a été érigée devant la gare où il continue d'attendre son ami-maître. Il paraîtrait même que des gens fidèles aux chiens fassent des pèlerinages devant la gare en souvenir d'Hatchi.

* * *

Les pèlerinages, c'est vachement bien, moi j'adore ; surtout celui des Saintes-Maries de la Mer. Un voyage que Jack nous offre tous les ans au mois de mai, pour la fête des gitans. T'en connais-toi des gitans ? Moi j'en connais. Toute une famille entière je connais. C'est des Yénish. Autrefois, les gens disaient „les bohémiens" mais c'est tout pareil. Ils se faisaient traiter de tous les noms d'oiseaux peuchère... De voleurs, de poules ! De fainéants ! De bâtards ! De patères ! Il n'est même pas dans le dictionnaire „patère" ! Et j'en passe hein. Ils vivaient dans les caravanes après avoir galérés dans des camps de fortunes, des cabanes en bois sur des terrains vagues envahis de ferrailles et de vieilles carcasses de bagnoles. Un peu en dehors de la ville, au champ de mars. Des habitations dérisoires qui sont sorties de terre juste après la guerre. Des migrants si tu préfères. A l'époque, les bohémiens tiraient leur roulotte avec des chevaux maigres comme des clous. Ils étaient sales selon les dires, mal habillés et personne ne les aimaient. Les gens leur jetaient même des cailloux quand ils passaient, à eux et aux chevaux. Mais ils continuaient à faire danser leurs doigts sur les guitares comme si de rien n'était et ils ont fleuri la route du midi de leurs musiques et de leurs couleurs flambantes.

Qui aujourd'hui n'apprécie pas les Gipsys ?!

D'autres ramassaient les peaux de lapin empaillées, la ferraille, l'aluminium, le cuivre, les vieux meubles, les chiffons, les matelas usés et à rapiécer... Des recycleurs innés ces gens. Ils recyclent tout ce qui passent dans leurs mains. Tu trouves de tout chez eux ; des prestidigitateurs de la vieillerie.

Et avec le temps, ils se sont sédentarisés, intégrés, ont fait construire des villas d'habitation, vivent en appartement. Bien que quelques-uns aient préservé leurs coutumes et façon de vivre en caravane ou mobile-home, ils demeurent sédentaires, généralement fixes sur une région.

Comme notre ami Paul et sa femme, la Rosette. Eux, ils vivent en mobile-home et caravane. Ils ont une belle maison à la campagne mais ils aiment mieux leur petit camp de manouches. Les manouches c'est comme qui dirait des bohémiens mais d'une autre tribu. La communauté des gens du voyage est composée en plusieurs tribus, selon d'où ils viennent, de quel pays. Paul est un Yénish, ce n'est pas pareil. Il est fier d'être Yénish et d'appartenir à cette communauté des gens du voyage. Lorsqu'on parle des gitans, on utilise le terme pour définir les gens du voyage répertoriés en groupes : les Manouches, les Tziganes, les Bohémiens, les Romanichels, les Yénishs et autres.

Cette communauté de nomades se déplacent fréquemment au gré des saisons, des vendanges, des hivers, des pèlerinages comme à Lourdes ou ici, aux Saintes-Maries de la Mer.

Les Yénishs viennent du côté de la Suisse Allemande. La guerre les a fait fuir d'Europe de l'est d'où l'Allemagne nazis les chassaient... Enfin, chasser c'est vite dit. Ce n'est pas une chasse comme la nôtre, au lièvre ou au faisan doré. Les Yénishs et autres Tziganes, les boches voulaient tous les cramer, sans exception, comme les feujs.

Alors ils avaient intérêt à détaller au loin. Et surtout loin de l'Allemagne. Paul n'a pas connu, mais ses parents, oui.

A la fin de la guerre, une fois la France libérée, les lâches de la guerre ont soudain surgit de leur cache, tondeuses et ciseaux à la main pour punir les traîtres et soi-disant traîtres liés à l'occupant nazi. Mais dans tous ces justiciers d'après-guerre, beaucoup étaient eux-mêmes des lâches restés planqués à l'ombre pendant que ceux qui avaient pu échapper à la police et la justice Franco-Allemande, résistaient contre l'ennemi dans le maquis. On les appelait des maquisards, ces voyous, ces délinquants d'avant-guerre qui, pour ne pas aller en prison ou être fusillés par la police Franco-Allemande, s'étaient mis en cavale dans le maquis. Ces quelques soldats anonymes de la résistance aux surnoms étonnants, sous les ordres d'un Jean Moulin, ont largement participé à la libération de l'occupation nazie.

Ceux-là avaient trouvé un sens à leur vie : sauver la France.

Quand les fam euses „traîtresses" préfabriquées par les notables revenus de leurs fonctions au service de l'Allemagne furent toutes tondues, il fallut trouver un autre bouc émissaire. Car une fois les gonzesses rasées ignoblement, lâchement, sans jugement, sans vraiment savoir la vérité par ce bloc de poltrons bourgeois dont les descendants, d'aujourd'hui peut-être, nous parlent de patriotisme, il leur fallait bien trouver un souffre-douleur dans cette société franchisée Française. La sérénité retrouvée, ce piment vengeur conservait une haleine sanguine afin de nationaliser une France libre. Pour être un vrai français il faut des étrangers. Les gens du voyage feront la bonne affaire avec leur teint basané, leurs vêtements sales et leur langage en mots hachés comme un parmentier. Ce genre de patois est assez désagréable pour des oreilles gauloises.

Mais depuis et malgré les obstacles, les humiliations, les bannissements des écoles et autres institutions, ils ont fait du chemin avec leur manèges de poneys ; puis en s'engageant dans le commerce, les foires, les fêtes foraines... Et dans les nouveaux manèges époustouflants où ils exercent une profession sans créneau horaire que ceux infligés par la réglementation communale. Ça bosse du matin au soir et même la nuit, sans relâche. Ils travaillent pour que tous les autres s'amusent et fassent la fête, grands et petits. Le monde s'est aussi humanisé avec les saltimbanques de la fête foraine.

Personne ne les voulait quand ils sont arrivés, même pas pour le boulot parce que ces traînes roulotte, sales comme un peigne, ne pouvaient être que des fainéants. Ils n'avaient donc guère d'autre choix que celui de rapiner, marauder, voler pour manger, pour survivre. Ils sont devenus les parias de la société pendant des décennies, avant de pouvoir se disperser et devenir citoyens français à part entière, comme les ex-migrants italiens, espagnols, polonais, arabes ou tant d'autres. Ces voyageurs étaient migrants sans nation, sans patrie parce que chassés de leur terre. Mais ils tiennent quand même fermement à cette qualification de voyageurs comme de bons citoyens.
Le racisme subit a motivé les plus forts et rusés à se battre pour évoluer et se sédentariser. Leurs dénigreurs étaient pourtant bien d'origine des pays européens, comme tous les voyageurs qui vont ailleurs. Comment souscrire à cette extase xénophobe qui anime les êtres humains. Et Français en plus ! A ne plus rien y comprendre sachant que la gaule a été envahie pendant des siècles par les romains et que les francs n'avaient plus d'origines gauloises au final.

Alors du coup, ils ont tellement lutté « contre ces gens et ces tarés » que ce peuple nomade a réussi son intégration.
L'intégration n'a pas de frontière.

Il ne doit plus en rester beaucoup des vrais gaulois, s'il en reste encore. Comme les hommes des cavernes…

Paul aime recevoir. Il aime sa famille, ses amis. C'est un personnage plein d'entrain et de cordialité, truculent, haut en couleur, et en hauteur. Un grand balaise à la gouaille naturelle, des mots crus mais sans vulgarité.

On est arrivé à l'heure de l'apéro, comme d'hab. Il y a tous nos gosses, enfin pas les miens, je n'en ai pas. Mais je suis toujours fourré avec les mioches parce qu'on va à la mer… Ils me lancent des trucs au loin dans l'eau pour que je les leur rapporte. Des ballons, des bouts de bois, n'importe quoi.

Je les amuse et veille sur eux, je n'en laisse jamais un tout seul dans l'eau à la mer. Les filles se chiffonnent avec les garçons car elles font déjà la loi. Surtout lorsqu'elles sont plus nombreuses : Margaux, Romy, Clémence, Léna, Lili et les cousines… Whaou ces chipies ! Ils ne risquent pas de faire la maille les garçons, ils ne sont que trois petits diables verts : Paul, Louis, et Eliott, face à une tribu de mini amazones survoltées. A la mer, ils réussissent à s'éloigner car la mer est grande, si immense qu'on n'en voit même pas l'autre rive. Par contre à la piscine, au secours ! Trente mille volts chacune qu'elles dégagent simultanément en communion couplée. Ça dégage ! Il n'y a pas un blanc. Le programme est rempli à donf . Un déchaînement de cris aigus, perçants, excentriques. Elles courent tous azimuts, en même temps qu'elles sautent sur les garçons pour les faire couler. Elles ne sortent pas de l'eau par la petite échelle, elles grimpent directement par les crachoirs sur le bord du bassin pour enchaîner plus rapidement. Les garçons font des sous l'eau pour se planquer, pour fuir ces petites furies démontées, déchaînées, qui tourbillonnent comme des tornades sur les dalles de la piscine.

Je ne risque pas d'entrer dans le jeu, je me tiens à l'écart, couché au soleil sur les serviettes des petits anges. Je me fais brûler la panse en me marrant, la gueule ouverte. La Mi, étirée sur son transat, tapissée de crème bronzage fait semblant de lire un livre intello sous ses lunettes de soleil. Elle se détronche pour me regarder et croit que je baille, la gourde.

Enfin, c'est l'heure de la table. Le vieux Paul aboie de sa grosse voix la réintégration des mobile-homes loués à la semaine. Un grand moment pour nous tous autour du barbecue géant qui va nourrir toute la smala.

Le Paul, quand il prépare la braise pour les grillades, il ne fait pas un feu mais un fougat ; tu sais, les grands feux de carnaval dans les campagnes, d'une dizaine de mètres de haut où tout le village tourne autour en cramant des pétards.

Avec Paul, tu as de la braise pour la semaine. Rosette, quand elle revient de la boucherie et rapporte la bidoche à griller, tu peux nourrir la moitié du camping ; cinq à six kilos de barbaque, des légumes dans les cabas qui débordent de bouffetance. Le pèlerinage est sacré dans la famille, ils invitent leurs proches voisins à l'apéritif, puis le bon vin attisant la convivialité, ils les gardent à déjeuner. En un seul mot, Paul et Rosette, c'est la générosité. Alors tu parles si moi je suis bien dans un milieu comme ça. Des enfants, des jeux, la mer, des nonos toujours bien garnis de viande autour... Que rêver de plus pour un gentil toutou... !

Mais avant de becter les grillades, juste au moment de l'apéro, il y a un gros problème à régler. Une grave histoire arrivée à la piscine du camping vient de surgir comme un fait divers aux infos de midi, en plein pastaga, suite à la plainte d'un des garçons pas contents du tout des petites nanas du clan familial.

En effet, il y en aurait une de la petite bande d'amazones qui aurait baissé le caleçon de bain d'un garçon. Elle serait venue par derrière, dans son dos, sans un bruit au bord de la piscine au milieu des ricanements hystériques de toutes les autres, à pas de loup, courbée en deux comme à la chasse aux papillons, et d'un coup sec, sans que le mini mec n'ait le temps de comprendre quoi que ce soit... Hop, la culotte en bas.

La honte bichette, sa zézette à l'air. Un visage qui, le temps de réaction perçue, passe de la gaieté aux larmes. Des larmes gratuites... Pour rire à vie.

Moi j'ai tout vu, il m'a fait de la peine. J'en chialerai.

...

Rosette convoque donc la tribu autour de la table d'apéro où siège le grand tribunal des adultes, dans une parité de la plus absolue impartialité : papa-maman, papy-mamy, tontons-taties, parrain-marraine, voisins-voisines et les copains-copines de tous les précités. Purée il y a du monde. Certains semblent vachement sévères ; d'autres sourient timidement et discrètement ; d'autres encore se retiennent d'éclater de rire et pouffent dans leurs mains, pliés en deux pour compresser l'explosion qui pousse dans la poitrine.

Paul, le Papy, prend du plus sérieusement possible son rôle de patriarche. Il accentue un air grave de mécontentement. Mais ce rôle de pseudo magistrat ne colle pas à son regard noir débordant d'amour pour ses petits-enfants, pour tout son clan en bas âge.

« *Alors !? Qui est-ce qui a baissé la culotte à Eliott ?* »
Qu'il jappe à nouveau à l'équipe de malfaisantes face à lui.

Il n'a pas le temps de finir...

Tu as déjà vu un western quand les Indiens attaquent une diligence ? Pareil !!! Des cris ! Des hurlements ! Des youyouyous aiguisés comme des verres de cristal. Ça te perce les tympans comme les épines des sifflets ultra-son spécial chien.

Je te rappelle, ou j'ai oublié de te le dire, mais elles ont toutes entre quatre et sept ans environ. Les cris, c'est très aigus ; très, très, aigu pour manifester contre cette insolente accusation ! Et les bras, ça remue de tous les côtés comme les jeux de lumières d'une discothèque.

« *C'est pas moi ! C'est pas vrai ! Les garçons c'est des menteurs, c'est même pas vvvvrrrai !!!* » Toutes en même temps, mais avec des arguments de défense dans le désordre. Une sorte de jacasserie par une flopée de pies autour d'un sac de blé ? Chacune d'elles revendique le témoignage de l'une d'entre-elles car chacune, était au moins avec l'une ou l'autre, qui va confirmer immédiatement.

« *Oui c'est vrai ! On était toutes les deux dans l'eau avec Romy* », qu'elle jure Lili très convaincante. Alors donc, ça ne peut pas être elles ! Non mais alors !

Deux acquittements en une seul plaidoirie.

« *Oui Papy, même qu'il y avait Léna avec nous dans l'eau*, lance Margot ».

Ce n'est personne et surtout aucune d'elles.

D'ailleurs la petite Clémence, avec ses larges lunettes à grosses montures de ces vieilles institutrices du siècle dernier, mais qui vont magnifiquement aux enfants de celui-ci, s'avance avec cet air intellect qu'elle arbore, grâce à ses lunettes évidemment, et vient s'immiscer en tant que Présidente pour la défense des filles incommodées par les garçons dans les piscines de camping… Beau programme.

Et ainsi plaide Maître Clémence :

« C'est toujours les filles qui prennent et jamais les garçons ! C'est du sexiiiiisme ! » car apparemment, elle a bien compris qu'il suffit d'un seul mot pour électriser une atmosphère. Sexiste, c'est comme pédophile, violeur, raciste, des mots insultants et insupportables qui ne concernent personne. Haaa, moi non ! Moi non plus. Alors pourquoi ça existe, si ça n'existe pas ?

P'tit Paul et p'tit Lou voudraient bien défendre leur copain qui baisse la tête comme un fautif, seulement voilà… Pas envie de porter ce chapeau à vie. Donc ils la ferment, ça vaut mieux.

Les trois petits gars sur le côté, assis sur le banc des victimes, pieds qui s'entrecroisent et doigts tricoteurs, restent sur le cul d'une telle audace mensongère des petites souris aussi blanches que des colombes innocentes. Bouche-bée les mecs. Ce tour de magie pour les envoyer au banc des accusés. Purée la pirouette ! Ho les ******* ! Heureusement qu'ils n'utilisent pas encore ce vocabulaire propre aux grands frères pour rétorquer à ces petites polissonnes cet adjectif réservé à bien plus tard, pour beaucoup plus grandes.

L'audience est levée ; le temps de boire une tournée, surtout que c'est l'anniversaire de Papy.

Du coup, le verdict va fondre au fond des godets avec les glaçons.

Affaire classée.

* * *

Après le repas, les grands ont tapé la goutte du pays, fait la vaisselle, la sieste aussi dans la foulée, afin de remettre en ordre les embouteillages des grillades et des alcools qui obstruent tout discernement. On est tous parti à pinces au village voir la course des taureaux, l'arrivée des abrivados devant les arènes.

Un abrivado, c'est une cavalcade de gardiens qui escortent un petit troupeau de taureaux parti d'un mas d'élevage camarguais, jusqu'aux arènes où les bêtes et les hommes vont se donner en spectacle dans des courses à la cocarde. Il n'y a pas de mise à mort. C'est un spectacle ludique et très sportif.

Une vingtaine de cavaliers entourent cinq à six taureaux qu'ils accompagnent bien encadrés jusqu'aux arènes en traversant les rues de la petite ville.

Les cavaliers, montés sur des chevaux de Camargue arrogants comme des pur-sang incontestables qu'ils sont, ont sorti les habits de cérémonie Arlésiens. Large chapeau de feutre noir, chemise soleïdo serrée au col par un nœud coulant au fermoir en fer à cheval doré. Gilet uni, sans manche, ouvert sur le devant ; pantalon de velours qui laisse découvrir des bottes de cuir éperonnées ; la panoplie vestimentaire typique d'un cow-boy de western endimanché.

Les cavalières, en robe longue d'arlésienne, montent en amazone des chevaux racés d'un blanc immaculé ou d'un noir d'ébène et clôtureront la dernière abrivade. Les robes de satin tombent en cascade sur le flanc des chevaux et ce défilé de mode sous le soleil méditerranéen dévoile les soins apportés des couturières provinciales à la confection des costumes. Il faut compter au moins cinq à six heures pour l'habillement et la préparation de la coiffe traditionnelle montée en chignon d'une Arlésienne. En effet, la robe et la coiffure ne sont tenues que par des aiguilles, des barrettes, des peignes et autres attributs enrubannés.

Une foule de gens qui ne se connaissent pas, partage la féerie de la joie dans un spectacle où ils participent eux-mêmes. Tout est donc possible...

Et c'est là que j'ai failli me faire écraser par les chevaux.

Arrivés aux abords des arènes, on se faufile en travers de la foule pour avoir une vue d'ensemble sur la route où le spectacle est attendu sagement.

Si tu veux en voir des gitans, des manouches, des tziganes, ben là, tu n'as qu'à venir. Toute la caste des voyageurs est représentée dans leurs costumes spécifiques.

Un monde en couleur sous le ciel bleu qu'un vent marin déblaie inlassablement pour garder sa limpidité. Les gitanes, par petits groupes de deux ou trois, attrapent des touristes étourdis par le bras et les tirent derrière un tronc d'arbre, à l'abri du regard perfide des vilains curieux. Secrètement, elles évoquent un avenir merveilleux, médiocre ou sensationnel, en fonction de la valeur du billet que veut bien apprécier le consulté. L'avenir se règle à l'avance. Normal, sinon il n'y a pas d'avenir.

Soudain, alors que je me prélasse entre les jambes de la Mi assise sur un muret, j'ai cru entendre au loin un tremblement de terre se rapprochant. Mais j'ai bien vite reconnu cet étrange galop frappant le goudron de plus en plus fort, signe de la progression d'un danger vers notre position. Sauve qui peut ! Taïaut ho taïaut ! Je crois reconnaître une invasion de bisons comme j'en ai vue à la télé dans l'indien qui danse avec les loups.

En plein dans le mille, je ne m'étais pas gouré. Je tourne la tête en direction des bruits de sabots sur l'asphalte mais trop tard, des centaines de pattes blanches et noires, des chevaux et des taureaux camarguais, dévalent la rue face à moi, comme pour me broyer. Ni une ni deux. Je gesticule de la tête au cul en contre sens, tu connais la combine maintenant, je t'ai déjà expliqué ça quand je fuguais. Ma tête se dégage du collier et je démarre à l'instant même où ils vont passer devant moi. Toute la tribu gueule :

« *Attention, Indien, s'est sauvé, il va se faire écraser !* » Mais trop tard. Je suis déjà parti et traverse pile-poil devant le troupeau en tachant d'éviter les milles pattes qui claquent le bitume. Ce boucan que ça fait un abrivado en cavalcade. Whaou ! Surtout que j'en entends une seconde qui arrive, pas très loin, tagada tagada.

Je suis de l'autre côté. La foule a observé ma traversée intrépide en hurlant des « *aïe-aïeyaïee* » !!! Mais non, pas une égratignure. Pas une seule patte du mille pattes du troupeau ne m'a effleuré un poil.

La Mi lève les bras de l'autre côté avec sa laisse et mon collier vide au bout. Elle m'appelle entourée des gamins qui reprennent tous en écho :

« *Indien reviens ! Indien reviens !* » comme un refrain de messe.

J'aperçois mon Jack qui m'a vu aussi. Il s'élance pour traverser me chercher, quand déboule la deuxième fournée abrivado de la manade du mas de la mère Machin, que le chroniqueur présentateur des courses vient d'annoncer. Mon Jack est moins rapide que moi car il n'a pas le temps de finir sa traversée héroïque pour sauver son toutou hors de danger. Au moment où il a presque posé le pied sur le trottoir d'arrivée, un des chevaux de la ligne de tête le percute et te l'envoie valdinguer en roulé boulé sur le sol ; comme mon ami Jeannot le lièvre l'autre jour. La foule, emportée par elle-même, recommence de plus belle :

« *Aïe-aïe-yaïeyaïeee !!! Houyouyouille !* » Purée le valdingue ! Tous les selfies crépitent sur lui, sur ce malheureux à terre, la tête rasée au bord du trottoir qui semble ne plus remuer d'un cheveu. La foule reprend par des :

« *Hoooo, mamamia… ! Hooooo, Peuchère… ! Il doit être cuit !* »

Pardi qu'il est cuit ! Il bouge une patte, puis l'autre, remue, se relève, tout étonné mais pas sonné.

« *Qu'est-ce que je fous par terre ?* » qu'il mijote.

Surprenante récupération.

Il me remarque au milieu de quelques badauds qui me caressent et trotte vers moi en se faufilant. Il me récupère dans ses bras comme un bébé.

« *Mais t'es fou mon Indien !*

Parce que toi t'es pas fou ?! Tu as voulu me suivre idiot ! Mais il n'y a qu'un chien pour traverser un galop sans prendre un coup de sabot. Tu vois bien les chiens de berger. »

Cette fois-ci, mon Jack regarde bien à droite, bien à gauche comme à la sortie de l'école. Rien à l'horizon sur l'avenue du port, côté sud, comme au nord. On rejoint le clan à l'autre bord. La Mi m'arrache des bras de mon Jack et m'emprisonne dans les siens, contre sa poitrine à m'en étouffer.

« Mon Indien comme tu nous a fait peur... Bicheeette ! Il a eu peur des chevaux, bichette », qu'elle piaille à la marmaille ravie de me retrouver sain et sauf.

Le Jack ? Tout le monde s'en bat les burnes. Il a failli se faire défoncer par un canasson mais personne ne lui demande s'il s'est fait mal, s'il va bien ou non. Au contraire, ça commence à râler dans la foule, qu'il aurait dû tenir son cabot en laisse, qu'à cause de lui, ils ont manqué les deux premières abrivados parce qu'ils regardaient le clébard dans la première et l'autre con dans la seconde... comme au PMU. Que des gens comme ça, on devrait les jeter en prison sans discussion... Hé ben ouais, carrément !

Vaut mieux ne pas répondre. Le seuil de l'humanité est hors de portée et celui de l'indulgence inaccessible. Ça fait peur !

On est allé se faire pardonner à l'Église des Saintes où ont lieu les prières et requêtes pour miracle. Je reste à l'extérieur car ils ont instauré une interdiction aux chiens. Nous sommes les seuls à représenter la race animale sur les panneaux d'interdictions. Malgré cette discrimination ridicule, j'y suis rentré dans la chapelle des fois.

Et puis mon Jack me raconte tout au retour quand je ne peux pas frauder l'entrée. Pourquoi ne pourrais-je pas participer à leur culte ? A la maison, je comprends bien tout ce qu'il se passe et je ne vois pas un problème de religion à saisir. Ça n'empêche personne d'être libre de ses idées. Alors l'église des Saintes-Maries, je la connais mieux que celle de Raucoules.

Au fond de l'église, il y a un caveau où les pèlerins descendent y brûler des cierges, des bougies, des chandelles en gratitude à Sainte-Sarah, la Vierge Noire. C'est pour sa couleur de peau qu'elle est baptisée, Vierge Noire.

La grotte est petite et basse, éclairée par les lumignons placés tout autour que les gens ont posés en offrande à Sarah, la Patronne des Voyageurs. La température y est douce, chaude, envahissante, agréable, dans cet espace où l'odeur de cire brûlée vient se mêler aux parfums humains. Dans cette crypte aux prières intarissables, quelque chose d'inexplicable se manifeste à ces âmes en quête d'un salut, d'une guérison, d'un pardon, de l'amour et de tout autre assortiment indispensable à la paix de l'âme et du cœur.

Sainte-Sarah, habillée par ses fidèles en robes de gitanes enfilées les unes sur les autres, couvertes de bijoux, de petits mots et de billets accrochés à ses vêtements et à ses cheveux, reçoit les baisers et palpations des visiteurs, tous certains qu'elle exaucera leurs vœux.

La foi des gens dans cette grotte bénit par la Vierge Noire, qu'ils soient bohémiens, gitans ou touristes confondus de croyants et d'athées, est si intense qu'il serait mesquin de ne pas reconnaître qu'une force occulte vous pénètre et vous bouleverse.

Jack est sorti nous rejoindre sur la place devant la Sainte Église où je suce tour à tour les glaces des gosses qu'ils m'offrent de leurs cornets tendus en bout de main.

Des cascades de musique gitanes jaillissent des guitares et inondent les terrasses de café pendant que des violons, plus loin, larmoient les plaintes des chants tziganes ou de bohème. Au rythme de ces récitals envoûtants, les consommateurs claquent dans leurs mains autour des danseuses tournoyantes aux doigts de marionnettes. La fête ne saurait disparaître dans cette communauté de saltimbanques venue de tous les coins du globe. Des voyageurs aux origines cosmopolites, réunis en cet endroit aux Saintes-Maries de la Mer, dans une célébration commune et harmonieuse de leur patronne spirituelle.

La foi, à travers le temps, a guidé cette marche de nomades dans ce petit village en bord de Méditerranée.

* * *

Le soir est tombé. Le coucher du soleil crache sur l'horizon ses flammes aux couleurs rougeoyantes dans des ocres évanescents des jaunes et des gris-bleu. Des vols de flamands rose et de colverts traversent l'ombre du ciel en feu, reflets de cette Camargue sauvage dont la biodiversité témoigne de la richesse exponentielle d'une nature merveilleuse, généreuse et habilement entretenue.

Assis sur un rocher, près du bord de l'étang des Launes, résidence marécageuse d'une nature épanouie, Jack me raconte sa visite méditative à la chapelle, pendant qu'allongé à ses pieds, je me laisse caresser par son histoire et la brise de mer fraîche du soir.

Le feu qui anime ma foi n'est qu'une braise inassouvie qui résiste par à-coup, grâce aux vents que souffle l'espérance. J'ai cherché longtemps ce que ce Noble Vagabond Divin, sorti soudainement d'un désert, voulait bien nous enseigner. J'ai cru en lui sans trop savoir ce que je croyais, car les miracles me dérangeaient, l'Église m'intriguait, tandis que lui me fascinait. Son mystère se noyait dans cette eau bénite d'une église qui avait causé tant de massacres et d'injustices, alors que ce Jésus était si juste.

J'ai fouillé dans ma vie, dans mon passé, dans mon enfance, avec l'espoir d'une réponse sur ce mystérieux enseignant, fils de l'homme. J'ai remis en question maintes fois l'existence ou non de Dieu, bien que son existence en tant que telle et par elle-même ne voudrait rien dire. Mes lectures philosophiques me renvoyaient des équations parfaitement argumentées influant des vérités et contre-vérités. Mais partout, que les écrits s'écoulent d'un ordre Naturel ou d'une Création Divine, l'insuffisance de connaissance du monde me clouait le dos à ma conscience et à Dieu. Et le mystère s'assombrissait, m'enlisait dans les profondeurs de l'ignorance et de la curiosité. Ainsi j'ai lu, relu, médité, comparé et retrouvé une autre manière d'entendre cette voix venue de si loin. J'ai tâché de me plonger à cette époque prophétique pour essayer de comprendre son passage Divin sur terre. J'ai compris l'enseignement du fils de l'homme venu rendre son témoignage à l'Humanité en superposant Dieu et l'Homme.

Dans ses paroles, « *Les premiers seront les derniers et les derniers seront les premiers* ».

IL ouvre les portes d'une humanité qu'une longue marche va faire mûrir au fil des siècles. Les derniers de cette ère seront les premiers de cette nouvelle ère d'amour et de charité ; et les premiers du monde nouveau seront les derniers de l'ère d'inégalité et de brutalité que l'Humanité, Ère Nouvelle, vient balayer de cet ancien monde.

Vaincre la barbarie des hommes en répondant à cette violence par une arme invincible, l'amour.

L'évolution universelle de la pensée humaine en marche

vers le bien ne vient pas de la science, mais bien de l'humanité.

Jésus n'est ni mort ni ressuscité. Il a marqué à tout jamais notre humanité et reste le principe vivant de la fraternité.

Ses paroles ressemblent étrangement aux proverbes philosophiques et moralistes de Confucius (500 ans Av. J.C.). Aussi, ce Routard d'un monde nouveau aurait-il pu voyager vers les Indes où ses Contrées Bouddhistes... Nous ne savons que peu de choses sur la vie de Jésus. On croit l'apercevoir vers l'adolescence dans un temple entouré de médecins et de savants auxquels il apporte son enseignement. Mais on le découvre surtout beaucoup plus tard, à l'âge d'une trentaine d'années, jusqu'à son calvaire, trente-trois ans. Serait-ce au cours de son long voyage initiatique divin dans les déserts où il aurait disparu pour s'inculquer de cette philosophie des sages que l'Esprit l'aurait „choisi" ? Ainsi, exercé aux facultés de la méditation et de l'insensibilité corporelle, il serait réapparu à trente ans en Galilée pour accomplir la parole de l'Écriture.

Les capacités acquises au pays du soleil levant pour soigner toutes sortes de plaies d'une époque fragilisée par les épidémies, lui auraient servi alors à guérir des malades atteint de maux incurables du moment. Doué d'un pouvoir étendu dans les sciences naturelles qu'il maîtrise profondément grâce à la méditation, IL a enseigné la doctrine d'un chemin d'Amour, de Paix et de Fraternité.

Le frein des religions querelleuses n'a jamais stoppé cette évolution humaniste jusqu'à ce jour. Preuve qu'elles n'ont pas d'effet convainquant sur la fraternelle Amitié.

« *Aimez-vous les uns les autres* »... Ce précepte n'adjoint-il pas Humanité et Fraternité ?

En haut du Mont appelé Golgotha, qui veut dire le Lieu du Crâne en hébreux, Jésus fut attaché au poteau du supplice avec deux autres condamnés, un de chaque côté. Les trois suppliciés attendent leur mort.

Jésus poussa un cri d'une voix forte, puis expira.

La coutume veut que les gardes cassent les jambes des suppliciés. Ils brisèrent donc celles des deux autres prisonniers, mais devant le poteau de Jésus, ils hésitèrent et ne lui brisèrent pas les jambes, car les soldats constatèrent qu'Il venait de rendre son dernier soupir. Alors, un soldat lui fit une entaille sur le flanc droit d'où sortit du sang et de l'eau. Les gardes et la foule se retirèrent.

Un riche notable honorable du Conseil, qui était bon et juste, du nom de Joseph et qui venait de la ville d'Arimathée, demanda le corps de Jésus à Pilate pour l'envelopper dans du tissu de lin pur afin d'une digne sépulture. Pilate s'étonna cependant que Jésus soit déjà mort car d'ordinaire, le supplice est plus long. Mais un officier confirma le décès et Joseph pu récupérer le corps de Jésus pour le déposer à la tombe de souvenir dans un jardin tout près de Golgotha.

Les femmes venues de Galilée et les Maries proches de Jésus, continuaient à surveiller en regardant à distance où le corps serait déposé. A aucun moment, les Saintes Maries accompagnées d'autres femmes ne perdront de vue ce Compagnon Divin ; ni au calvaire, ni sur la croix, ni au tombeau. Elles ne lâchent aucun fait et geste de son destin en cours comme les compagnes, les mères, les sœurs et frères d'un détenu devant la porte du parloir d'une prison.

Rien ne peut aujourd'hui interdire de supposer, qu'une grande maîtrise des disciplines bouddhistes que Jésus aurait pu appréhender auprès des nomades dans le désert, ne lui auraient pas permis de tromper les gardes romains euphorisés par l'alcool, en se projetant dans un état comateux.

Surveillé de loin mais de très près par les femmes venues de Galilée, par les Saintes-Maries mère et compagne, par ce Joseph très riche qui tenait en secret être un nouveau disciple de Jésus par crainte des prêtres Juifs, tout le monde supposa la mort de Jésus... Sauf certainement ces femmes déjà prêtes pour la grande évasion et sans le savoir, sa résurrection pour l'éternité.

Dans ce jardin un peu à l'écart de Jérusalem, Marie la Magdalène, compagne de Jésus, l'autre Marie mère de Jacques et Salomé, apportèrent les aromates et les huiles parfumées pour embaumer le corps de Jésus Lamour.

...

Quant au troisième jour, elles reviennent à la grotte, elles ne peuvent que constater qu'on a roulé la pierre qui obstruait l'entrée. Mince alors !

Elles ne retrouvèrent que les bandelettes sur le tombeau vide du Christ. Vide la grotte, comme le collier d'Indien au bout de la chaîne de la niche.

Plus personne ! Disparu mon Jésus.

Mais Marie la Magdalène de qui Jésus avait expulsé sept démons, l'a revu vivant. Donc elle le raconte à la bande d'apôtres dans leur planque. Elle ne sait pas où le Maître se trouve. Motus et bouche cousue. On ne sait jamais. Elle reste prudente ; d'autant plus avec ce qu'il s'est passé au Jardin des Oliviers… Juda a beau porter le chapeau de la trahison, Marie se méfie ; comme on dit :

« A trois secret des Rois, à deux secrets des dieux… Mais à un ? Secret divin ! »

Alors la bande à Lamour ne veut pas croire qu'Il soit vivant, puisqu'ils étaient tous en cavale au moment de la crucifixion.

Une véritable affaire d'état mon p'tit Lou.

Et pourtant, il a bien fallu sortir du tombeau, rouler la pierre, soigner ses blessures. Quand on regarde de près, les Maries et Salomé ne l'ont jamais quitté d'un œil depuis le calvaire. Il a pu s'en passer des choses mystérieuses pendant le sabbat jusqu'au premier jour de la semaine.

Seules les femmes et Joseph d'Arimathée sont venus au tombeau pour s'occuper de Jésus-Christ.

Et qui d'autres que des femmes pourraient avoir cette perspicacité à organiser une mission aussi secrète et discrète, tout en manipulant le cheptel d'apôtres masculins…

Quelques jours plus tard, les onze apôtres le retrouveront bien vivant dans une maison où il leur montrera ses marques, aux mains et au flanc, des blessures de son calvaire. Il brisera le pain autour d'une grande table et partagera le bon vin avec les copains, comme au retour d'un libérable.

Vers l'an 40-42 de notre ère, quelques années après le calvaire du Christ pendant la persécution des chrétiens, Marie Salomé et Marie Jacobé des cousines de Jésus, Marie Magdalène et sa fille Sarah, ainsi qu'un petit groupe emmené par Joseph d'Arimathée, fuient la Galilée pour rejoindre la Gaule à bord d'une petite embarcation de pêcheur en longeant les côtes. L'enfant n'a alors que six ou sept ans et est naturellement de petite taille comme la statue d'enfant dans la crypte.

Ainsi, tous débarquent avec l'enfant, Sarah, fille de Jésus et de Marie la Magdalène sur cette plage de la Gaule qui deviendra beaucoup plus tard, les Saintes-Maries de la Mer. Une enfant de sang royal par la descendance de Jésus et Marie Madeleine, eux même héritiers de David et Salomon qui échappèrent à la chasse aux chrétiens et à la recherche du Saint Graal.

Pour subvenir à leurs besoins, la petite Sarah va faire la mendicité pendant que les deux Marie, Salomé et Jacobé, répandent la doctrine d'Amour de Jésus-Christ dans cette région de Gaule détenue par les romains qui deviendra, la Camargue.

Il n'y a aucune raison d'adhérer à un système instauré comme une vérité absolue si l'esprit ne le conçoit pas. Quelle que soit la religion, la foi n'est pas en elle mais dans le cœur des femmes et des hommes qui savent que l'humanité ne se réduit pas à un individu dont le fait d'être constitué de jambes, de bras, de la parole et ressembler à un humain, suffiraient à se considérer être humain. La foi est une valeur intérieure qui définit cette différence bestiale dont l'Homme a su se débarrasser dans l'amour. Rien d'autre que l'amour ne peut le différencier de tout autre espèce vivante sur cette capacité à choisir comment aimer et comment haïr. La haine n'existe pas dans le monde animal ou végétal. La haine est un outil que seul l'homme utilise à des fins destructives. La haine est la culture du mal et elle conduit à l'inhibition de notre nature.

Le Jésus auquel j'ai cru était celui de mon enfance, en bandes dessinées, éclairant mon chemin de merveilleuses paroles évangéliques. Ce globe-trotteur plutôt marginal, à la fois solitaire et chef de bande, toujours là pour défendre les plus faibles, les plus pauvres, les plus démunis, les plus malheureux, les plus malades, effaçait toutes les inégalités d'un monde égoïste au point d'en fermenter ma naïveté. Comment Dieu, qui ne veut que le Bien, peut-il être aussi injuste envers les plus déshérités de l'humanité ? Mon Jésus si bon semblait s'opposer à ce Père Tout Puissant à qui il réclame en permanence le pardon de tous. Pour sauver l'humanité, c'est avant tout au Dieu Unique des religions à qui il s'adresse. S'il réclame à ses disciples de bâtir le temple d'Amour à travers le monde, sa prophétie est spirituelle et n'inclus quelconque appartenance à une religion puisqu'il est dans l'opposition de celle existante. IL est le premier révolutionnaire contre cette politique religieuse et contre l'autoritarisme de l'aristocratie.

« Je ne suis pas venu pour abolir la loi de Moïse mais pour l'accomplir, disait-il. *Que celui qui qui a des oreilles écoute. »*

Il n'est pas nécessaire d'appartenir à une religion pour avoir la foi.

Il n'y a aucune façon d'apprendre l'Amour.

Saint Augustin, ce philosophe disait en l'an 410 Ap.J.C. :
« Tu es étonné parce que le monde touche à sa fin ?
Étonne-toi plutôt de le voir parvenu à un âge si avancé. Le monde est comme un homme. Il naît, il grandit et il meurt...

Dans sa vieillesse, l'homme est donc rempli de misères et le monde dans sa vieillesse est rempli de calamités [...] Le Christ te dit : le monde s'en va, le monde est vieux, le monde succombe, le monde est haletant de vétusté mais ne crains rien ! Ta jeunesse se renouvellera comme celle de l'Aigle. »

...

« Et toi l'indien, t'en penses quoi ?

Quoi t'en penses quoi ? Tu aurais attendu qu'on te fracasse les guibolles mon Jack ?

En attendant... Lamour... C'est divinement miraculeux après 2000 ans. »

5 octobre 2018
Jack Beauregard